「野球」の真髄
なぜこのゲームに魅せられるのか

小林信也
Kobayashi Nobuya

a pilot of wisd

はじめに

東北楽天ゴールデンイーグルスのベンチから、田中将大《まさひろ》投手が駆け出してきた。

二〇一三（平成二五）年の日本シリーズ第7戦、9回表。

その瞬間、人々の身体を特別な感覚が貫いた。私自身、熱く震えた。

公式戦24連勝を飾り、楽天イーグルスをパ・リーグ優勝に導いたエースが、日本一に王手をかけたマウンドに立つ。

スタジアムから《あとひとり》の大合唱が起こった。歌声は、テレビの前の多くのファンをも巻き込んだ。見る者の瞼《まぶた》が涙で濡《ぬ》れた。

東日本大震災から二年。復興を期す東北の人たちの思いが、エース田中将大の背中に集約されていた。

中学三年生、熱烈な巨人ファンだった私の息子はこのとき、

（楽天に勝ってほしい）

と、心の底から願った。巨人ではなく楽天を応援していた、という。

大震災に見舞われてまもなく、選手会長の嶋基宏《もとひろ》捕手がグラウンドから叫んだ。

「見せましょう、野球の底力を！」

果たして、野球にそれだけの力があるのか？　あるとすればどんな力なのか。

その底力を、田中将大投手を中心に楽天イーグルスは見事に体現した。

あのときの興奮は、ずっと人々の心に深く生き続けるだろう。そして、伝説の中心に立っていた田中将大投手を、誰もが愛し続けるに違いない。


野球が好きだった。

少年時代、たったひとりでも、塀にボールをぶつけて野球に興じた。家の前の小さなスペースが、私にとってはかけがえのないダイヤモンドだった。野球に胸を躍らせ、来る日も来る日も、白球と戯れた。生きてきた喜怒哀楽の多くが、野球とつながっている。

いま私は、東京武蔵野シニアという中学硬式野球（リトルシニア）チームの監督として、週三回、中学生たちと白球を追っている。プロ野球経験もないのに、六〇歳を迎えたいまもなお「野球が中心」の日々を生きている。なぜいまも野球とつながって生き、野球で社会と結びついているのか？

この春（二〇一六年）のこと、立派な内野スタンドもある公営野球場で中学野球の練習試合をしていたとき、隣に住むおばあさんから「選手の声がうるさい」と苦情が入った。

「ベンチは声を小さくするように」

と球場係員から注意を受けた。とくに大声を出していたのではない。ごく一般的な、

「バッター、打っていこう！」「ピッチャー、負けるな！」

といった声援を送っていたにすぎない。それでも苦情が来て、厳しく叱責される。それが、野球をめぐる日本の社会環境になったのだ。

草野球に興じる少年は少ない。公園で草野球を始めたら、幼い子どもを連れた母親たちに白眼視される。大半の公園に「ボール遊び禁止」の看板が立っている。野球を「危ない」「邪魔だ」と排除する空気が支配的になっている。

親子でキャッチボールをする光景を見る機会も少ない。キャッチボールをする場所がな

いだけでなく、親子でキャッチボールをした経験の少ない世代がすでに父親になっている。知らずしらず、社会は野球を歓迎しない方向に傾いている。

スポーツライターになり、幼いころ胸を焦がした伝説の選手たちと直接会って、話を聞く機会に恵まれた。そうした感動を思い起こし、伝えることで、野球の魅力を改めて共有したいと願っていた。

「なぜ野球に胸を躍らせ、人生の友としてきたのか」

その秘密がわかるのではないか。もっと誇りを持って、子どもたちが野球に取り組み、仲間たちに「野球っていいぞ」と声をかけられるのではないか。

私たちが野球を好きになり、ずっと野球を愛し続けているのは、心の中に野球との絆《きずな》があるからだ。

野球がいつも相棒だった。

最近は「甲子園出場」「プロ野球選手になる!」「大リーガーになって何億円も稼ぐ!」といった現象的なことばかりが語られる。それらは確かに目標のひとつではあるが、少年たちが野球を続ける一番の理由ではないはずだ。野球が好きになり、野球に衝《つ》き動かされる原動力はほかにある。

この本で、野球好きが「野球を好きになった原点」を思い出し、野球から心が離れかけている人たちにもまた野球の魅力を思い起こしてもらいたい。野球に複雑な思いを抱く人たちにも、温かな気持ちを感じてもらえるよう願って、筆を進める。

目次

はじめに —— 3

第一章　野球の本質 —— 13

人が生きるか死ぬかが、ゲームの根幹／草創期、日本中を席巻した〈打球鬼ごっこ〉／野球とは「生きてわが家に還るスポーツ」／「理不尽」は野球の本質の象徴的なもの／ホームチームはなぜ「後攻」なのか？／野球は本当に団体競技か？／投手は「攻撃の要」／野球は一対一で対峙するスポーツだ／守備で点を取れない宿命とどう向き合うか

第二章　古き佳き野球の時代――41

少年の心を熱くした〈野球の伝説〉／選手と感激を共有する喜び／煉瓦の塀に穴をあけた快速球投手／天才投手・沢村栄治が思いを寄せた女性／突然、ボールが速くなった雨の日の出来事／いつもへその前でフライを捕る「へそ伝さん」／長嶋が4打席4三振に倒れた夜／長嶋が〈みんなの長嶋〉になった、天覧試合の舞台裏／三台目のカメラをどこに設置するかの選択

第三章　野球の「信用」の失墜――75

野球をする人、しない人の温度差／ウソをついて勝つ野球に魅力は宿るか／巨人選手が〝万引き〟まがいのプレーをする時代……／プレミア12の韓国戦に見る侍ジャパンの敗因／侍ジャパンはなぜ抗議しなかったのか？／野球の指導者は選手に何を教えているか？／このような指導者に大切な我が子を託せるか／

正直にアピールして怒鳴られた中学生／審判には「選手を育てる」責任がある／「待て」のサインは、選手にブレーキをかける／日本社会の縮図

第四章　野球の喜びと深み ―――― 111

イチローにはボールが遅く見えている？／野球は心の中まで浮き彫りにする／先が見える楽しみ／なぜ「野球が好き」になったのか、なぜ野球を続けるのか／小指を外すか、小指をグリップにしっかり収めるか／「ボールは必ずここに来ます」と長嶋茂雄は言った／野球は「時間を超える」から面白い／シンデレラの魔法を解くため、強行策で攻める

第五章　野球再生に必要なもの ―――― 139

〈相対〉と〈絶対〉の世界／「戦わずして勝つ」の本質／

「生きるか死ぬか」の境地から生まれた絶対の真理／
絶対的な答えを持つがゆえの希望／甲子園出場に重きを置かない高校野球／
目に見えるものより大切な「間」／
ボールに触る時間がものすごく短いスポーツ／
ボールに触れていない時間をどう過ごすか／
なぜ「考えたらダメか」の科学的立証／思考停止の野球界／
野球の試合をする目的は何だろう？／
子ども心を動かした、長嶋茂雄の熱

おわりに ―― 185

主な参考文献 ―― 189

第一章　野球の本質

人が生きるか死ぬかが、ゲームの根幹

野球は、人が生きるか死ぬかの積み重ねで展開する。

人とは打者・走者。生きるはセーフ、死ぬはアウトだ。

そのような球技は、あまり類がない。

大半のボールゲームは、ボールの動きが主体となって、ボールがゴールやリング、スコアリング・エリアに入ったときに得点が認められる。サッカーはゴールに、バスケットボールはリングに、テニスやバレーボールなら相手コートにボールが落ちると得点になる。ボールが外れたら得点は認められないか、相手の得点になる。

野球は違う。

打者が塁上に生きて走者となり、二塁、三塁を回って、本塁まで生還したときに得点になる。身体がホームベースに戻ることが得点の方法。走者の動きが得点の主体となっている。ホームインの瞬間、ボールがどこにあるかは関係ない。

唯一の例外はホームランだ。打球がフェンスを越えた瞬間に得点が確定する。だが、こ

れも実際に得点が成立するのは打者走者がホームベースを踏んだときで、どこかの塁を踏み忘れてアピールされたらアウトになり、ホームランも得点も取り消される。身体が主体であることに変わりはない。

これが野球の根幹だ。たったこれだけの事実を、野球好きのどれくらいが認識しているだろう？　野球はもう当たり前に慣れ親しんだ競技になりすぎて、大切なこの根幹の重さや意味を軽く受け止めすぎてはいないだろうか。

草創期、日本中を席巻した〈打球鬼ごっこ〉

日本野球の歴史をたどると、面白い記述に出会う。

初めて野球が日本に伝えられた歴史については諸説ある。その中で、「日本に野球が伝わったのは一八七二（明治五）年。第一大学区第一番中学（のちの開成学校、現・東京大学）の教師として来日したホーレス・ウィルソンが学生たちに伝えたのが始まり」との説が、最も広く語られている。ほかにも、一八七二年、東京の芝・増上寺境内に開学した開拓使仮学校で英語教師アルバート・G・ベーツが生徒たちに野球を教えたのがより本格的な起源だとする説もある。開拓使仮学校は三年後、札幌に移転し、札幌農学校（現・北海道大学）となる。

面白いのは、その野球が〈打球鬼ごっこ〉と呼ばれて日本中に広がり、大衆の遊びとして親しまれた現実だ。

まだ野球という言葉がなかった時代、「ベースボール」が「野球」と訳される前に、人々はその遊びを〈打球鬼ごっこ〉と呼んで熱中した。その名前にピンと来たのだろう。鬼に追われ、背筋をゾクゾクさせながら逃げ切るスリルと快感。

鬼は人を追いつめ、狩猟的な本能で相手を召し捕る。鬼ごっこはシンプルで原始的で普遍的な遊びの快感と構造を持つ。いま、競技として確立した野球を「鬼ごっこに似ている」と常に感じている人はどれほどいるだろうか。

野球の土台に「鬼ごっこ」がある。そう考えると、野球の本質、野球の魅力がまた新たな表情で見えてくる。

鬼ごっこにボールを投げ込んで、より立体的な構造にしたのが野球なのだ。

この話を、いま一緒に野球をしている東京武蔵野シニアの中学生たちにすると、ほぼ全員が顔を輝かせ、納得した表情になった。いきなり正解を言わず、「かつて野球は何と呼ばれていたと思う?」とクイズを先に投げかけた。難しいと思ったが、わずかなヒントを手がかりに、何人かの選手が「打球鬼ごっこ!」と叫んだ。彼らは無意識のうちに、野球が鬼ごっこだという感覚を持っていたのだ。

守備側が鬼。攻撃側は鬼をかいくぐって本塁まで戻ろうとする。事の始まりは打者がボールを打つこと。その打球を鬼が追いかけ、確保した上で打者走者を追いつめようとする。

思えば、鬼ごっこという感覚は、野球の本質を衝いている。

三振とフライ・アウトを除けば、守備側は打球を捕っただけでは打者をアウトにできない。走者なしの場面なら、打者が一塁に到達する前にボールを一塁に送らなければならない。洗練された現代の野球では送球するのが当たり前だが、人数の少ない草野球では、捕った野手が自ら一塁に走る。打者走者にボールを当てたらアウトといった特別ルールも普通に存在する。次の塁を狙う走者の進塁を、野手たちが共同で阻止するプレーなどはまさに鬼ごっこの感覚。

野球には、肉体的なぶつかり合いはない。だが実際には、守備側が打球を処理し、ボールをコントロールした上で打者走者の運命を搦《から》め捕《と》る。鬼が人を制圧する仕組みと同じだ。そして、人はなんとか鬼の拘束を逃れ、自由に生還しようと試みる。そこに野球の根源的な成り立ちと楽しさの原点を見ることができる。

野球とは「生きてわが家に還《かえ》るスポーツ」

二〇〇八（平成二〇）年に公開された映画『ラストゲーム　最後の早慶戦』の幕開けは、映像ではない。ひとつのメッセージが画面に浮かび上がってドラマが始まる。

《野球《ベースボール》、生きてわが家《ホーム》に還るスポーツ。》

太平洋戦争中の一九四三（昭和一八）年一〇月一六日、学徒動員の直前に行われた最後の早慶戦（出陣学徒壮行早慶戦）を描いた映画である。その試合に出場した大学生野球部員たちの大半は、一〇月二一日、明治神宮外苑《がいえん》競技場で行われた出陣学徒壮行会に臨み、雨中の行進を行った後、それぞれの戦地に赴いた。

「生きて還ってこい」

と人前では言えなかった時代。だが、野球選手なら、生きてホームに還ることは身体に染みついた目標であり、当然の使命。なぜなら野球とは、打席に立った打者が、塁上に生き、各塁を回り、生きてホーム（本塁）に還ることが目的のゲームだからだ。守備側はもちろん、これを阻止するために全力を尽くす。

「ホームに還ってこいよ！」

激化する戦時下、その思いを無言の願いに託し、誓いを胸に最後の早慶戦が行われた。その時代の野球選手にとっては、野球の本質と普段の生き様とは、ごく自然に重なっていたのかもしれない。野球の重さ、人生の重さ、現実の重さは、戦時下の重圧に包まれ、野球を通して身に染みていただろう。この試合に先発出場した早稲田大学の三選手が、戦地で短い生涯を閉じた。幸運にも生きて還った選手たちが、命の重さをどれほど痛く感じたか。それは、戦争を経験していない私たちには到底、知り得ない実感だ。

戦後、平和な時代が七〇年を超え、日本人は平和のありがたさ、命の重さを忘れがちだと言われる。野球においても、「アウト」「セーフ」が、ただの用語になっている気がする。少年野球や草野球の審判は単に「アウト!」とコールするが、硬式野球の現場ではアメリカ式に正式なコールをする。

「ヒー・イズ・アウト!」

なんと残酷な言葉だろう。

「お前は死んだ!」

と、拳を突き出し、宣告される。

いま野球選手は、そんな残酷な言葉をただ野球用語として軽く受け止め、いちいち死の重みを感じたりしない。だから娯楽であり得るとも言えるし、大切な本質が忘れられかけているとも言えるだろう。


野球の本質が「生きてホームに還ること」だとすれば、投手の球が速いかどうか、打者がどれだけ遠くに打球を飛ばすかは、最重要事ではない。

派手な動きに目を奪われるのは、人間の悪い癖だ。

剛速球、豪打、強肩には華やかさがある。それはもちろん素晴らしい野球の魅力だ。けれども、一八〇メートルのソロ・ホームランを打っても1点にしかならない。相手打線から18三振を奪っても、わずかなほころびから失点して負けることもあるのが野球だ。

走者がホームインして得点が認められる瞬間、ボールを支配しているのは相手方であり、攻撃側にボールの支配権がほとんどないのも、ボールゲームの中では珍しい。攻撃側がボールに触ることが許されるのは、打者がバットにボールを当てる、その一瞬に限られている。攻撃側が、これほどボールに触れないスポーツもほかに類がない。

サッカーやラグビーは、ボールをコントロールするチームが「攻撃側」になる。守備側は、ボールを支配できていないから「守備」なのだ。カーリングは野球と同じく守備と攻撃がはっきり分かれている競技だが、攻撃側がストーンを握る。防御側にはストーンに触れる権利はない。

野球は違う。守備側が常にボールを支配し、攻撃側にはボールを自由に操る権利が「打つ瞬間」以外に与えられていない。ゲームの主体を握っているのは守備側だ。

この不思議な「攻撃」と「守備」の逆転現象が、野球独特の世界を生み、心理の綾《あや》を生み出している。

「理不尽」は野球の本質の象徴的なもの

世の中が理不尽であるように、野球もまた理不尽なゲームだとよく言われる。

ただ理不尽にも清濁があって、最近語られる理不尽は、次元の高くない出来事が多い。

例えば、明らかにミス・ジャッジとわかる、審判の誤審。たったひとつのコールで試合の行方が変わるのが野球だ。それなのに、当事者や観客が不可解に感じる判定は跡を絶たない。最近はほかの競技での実績もふまえて、野球でもビデオ判定が導入され始めた。しかしそれは、外野に飛んだ打球がフェンスを越えたかどうか、フェアかファウルかといった限定的な場面に限られ、「ストライク、ボール」「アウト、セーフ」の判定はほぼ審判が絶対的な決定権を持ち続けている。たとえ抗議をしても、審判は判定を覆さない。一度下した判定はよほどの場合を除いて覆さないのが暗黙の決まりだからだ。まれに抗議を受けて判定が変わる場合がある。そんなときは、今度は相手方の監督から「判定を覆した」ことに対して猛烈な抗議を受ける。

アマチュアの場合、審判のジャッジに抗議すること自体をタブーとする傾向が強いので、仮に不利な判定を受けて劣勢に追い込まれるか、それで試合が敗戦に終わっても、監督は選手に、

「理不尽だな。だけど、社会に出れば、人生もまた理不尽だ」

などと語りかけるしかない。

本来学ぶべき理不尽とは、そういう不条理でなく、もう少し本質とつながったものではないだろうか。

忘れられている《野球の理不尽》の本質とは何だろう?

算数では、1+1=2と決まっている。「人生はそうとも限らない」と言うが、日常生活はたいてい、1+1=2を基本にしている。

野球はどうか?

ストライクがひとつで1ストライク。ふたつで2ストライク。ところが、次がファウルなら、同じく2ストライクだ。それはあまりに常識だから、「何をいまさら」と叱られそうだが、野球ファンは野球ルールを当たり前に理解しすぎていて、本当は「不思議だね」

「面白いね」と突っ込みを入れるべきところにほとんど関心を寄せず、あっさり通り過ぎてしまっている気がする。

硬式テニスのスコアを、0、15、30、40と数えるのを聞いたら、「何で?」と疑問に思う人がまだ多いだろう。野球の場合は、そういう素朴な問いかけが失われつつある。そこに案外、野球の行き詰まりの一因がないだろうか。改めて、検証してみよう。

野球は、「1+1が2とは限らないスポーツ」だ。

ヒット1本では得点にならない。ヒットが3本続いても点が入らない場合もある。つまり、1+1+1=0である。

それなのに、相手のエラー、四球、死球と続き、ホームランが1本出れば、4点になる。0+0+0+1=4だ。

すっかり野球に慣れ親しんでしまうと、これをもう当たり前に感じ、不思議と思わない。自然に受け入れて、麻痺《まひ》している。その麻痺こそが、野球人気の衰退とつながっているのかもしれない。

「だから野球は面白いんだよ!」

などと、最近は当たり前だと思い込んで語らなくなっていないだろうか。大人たちは「語らなくてもわかる」と思い込んでいるが、案外、大切な魅力が共有できずにいる可能性はある。

子どもたちに教えるべきこと、大人同士で「野球って面白いよなあ」と日々語り合う楽しみもここにあるはずだ。ところが、「どこが勝った」「誰が打った」「どの高校が甲子園に行った」「審判の判定で負けた」など、《野球を語り合う喜び》から言えば、あまり深みがあると言えない話題が日ごろの大勢になって、社会的な野球レベルが低下したようにも感じる。

ホームチームはなぜ「後攻」なのか?

プロ野球では、ホームチームが必ず後攻、ビジターチームは先攻と決まっている。

高校野球では試合前のコイントス(もしくはじゃんけん)で勝った方が先攻か後攻か、好きな方を選ぶ。甲子園では、智弁和歌山高校など一部のチームを除いて、「勝ったら後攻」がほぼ定石となっている。なぜなら、終盤、試合がもつれた場合に、「後攻の方が得」

「心理的にも戦いやすい」と思われているからだ。

　同点で迎えた9回、後攻のチームが表の守備で得点を奪われてもまだ裏の攻撃を残している。逆転のチャンスはある。だが、先攻チームが無得点に終わって裏の守備につき、もし1点でも奪われたらその時点で試合が終わる。サヨナラ負けだ。その不安が脳裏をよぎり、投手が四球を与え、野手が失策し、みすみす相手にチャンスを与える場合がしばしばある。まして「負ければ終わり」のトーナメント戦ではその重圧が大きい。そのため、多くのチームがトスに勝ったら後攻を取る。プロ野球でホームチームが後攻と決まっているのも、後攻が有利で安心だから、本拠地のアドバンテージが与えられているのだと大半の野球ファンは理解しているだろう。

　ところが実際には、違う理由から、ホームチームは後攻と決まったのだという。

　私がこれを知ったのは、二〇一五（平成二七）年五月、毎年行われるリトルシニアの指導者講習会の席だった。夏季大会の抽選会のため、関東連盟に所属する約二一〇チームの監督と主将が東京・新橋のヤクルトホールに集まる。抽選会に先立って行われる研修会が、昨年はリトルシニアの実績ある監督たちによるトークライブだった。

司会者が「じゃんけんに勝ったら、先攻を取るか、後攻を取るか」と、毎年のように日本一を争う強豪の監督たちに質問した。監督たちは、口を揃《そろ》えて、「後攻を選ぶ」と答えた。聞いているほかの監督たちも、一様に頷《うなず》いていた。ところが、壇上にいた審判部の代表だけが、違う側面から話を始めた。

「私は審判ですので、監督たちとは違う観点からお話しさせていただきます。ルールを勉強するのに野球の歴史を紐解《ひもと》いてみたら、どうしてホームチームが後攻と決まったのか、面白いことがわかりました。

遠くから試合に来てくれたビジターチーム、いわばお客様に、先に打っていただくのが礼儀だというので、ビジターが先攻になったのだそうです」

実に明快な話だと思った。野球は打つのが楽しいスポーツだ。だから、「どうぞお先に打ってください」というわけだ。レディーファーストならぬビジターファースト。そこには、勝負の観点、勝つために得か損かという発想はない。

野球の原点には、おもてなしの精神がある。

いまは、「勝つためには、先攻後攻、どちらが得か?」というように、勝負を基準とする発想が先に立っている。

野球は本当に団体競技か？

野球は団体競技（チームゲーム）とされているが、それでいて個人競技の色合いが強いことは広く認識されている。

投げる、打つ、捕る、走る。野球には基本的にこの四つの動作しかない。すべての動作は、分解すれば一人ひとりの行動の積み重ねだ。例えば、サードゴロをアウトにするためには、ゴロを捕った三塁手からの送球を一塁ベースに片足を付けた一塁手がキャッチしてアウトが成立する。連携プレーだ。けれども、それぞれは個人のプレーだ。

ゲッツーの場合など、二塁手（または遊撃手）が二塁ベースに入るタイミングの絶妙さが、連携相手の美技を生み出すといった連動性はもちろんある。だからこそ「野球はチームプレーだ」と言われるのだが、実際には個人競技の色合いが強い。

プレーのひとつひとつは個人のパフォーマンスなのに、競技全体としては間違いなくチーム競技だ。打者のホームランや投手の快投など、個人の活躍で勝敗が決した試合でも、やはり「チームが勝った」と認識できる。不思議な一体感が野球の魅力でもある。でもチームが勝利を獲得するために、実はチームプレー以前に個人プレーが大切な前提である。野球は「個人競技の集積が基本だ」という本質をもう少し直視してもよいのではないだろうか。

野球が実は「個人競技だ」という、明快な具体例を提示しよう。

野球の試合結果を報じるニュースでは、「日本ハムファイターズの勝利。勝ち投手は大谷翔平、15勝2敗」などと表現する。勝ったのはファイターズなのか？　大谷投手なのか？

サッカーで「ACミランが勝ちました。勝利フォワードは本田、5勝1敗」などとは決して言わない。「得点したのは岡崎」と表現しても、勝敗は選手につかない。よく守り切ったゴールキーパーにしても、「川島、3勝2敗」といった表現はない。アメリカンフットボールのクォーターバックは司令塔と言われ、勝敗のカギを握る重要な存在だが、それでも投手のような言い方はしない。

野球の投手だけが、「試合の勝敗を担っている」と当たり前のように認識されている。

それなのに、
「ピッチャーひとりで野球をやるわけじゃない」
などと言う。確かにひとりではできないが、投手の存在感、比重が大きいことをもっと公明正大に認めることも大切だろう。チームプレーだと言えば道徳的で教育的な感じはするが、事実、野球は投手に依存する割合が大きい。これを曖昧にしたら、野球の本質から外れてしまう。

ここでひとつ、ほとんど語られない〈慣習〉について触れよう。

プロ野球では当たり前の〈勝ち投手・負け投手〉という表現を高校野球では使わない。良くも悪くも個人を目立たせない教育的配慮だろうか。だが現実は、プロ野球以上に高校野球の方が傑出した投手や打者がいればそれだけで勝ち進む確率が高くなる。スター選手として全国的な注目も浴びる。無名の高校が、超高校級の投手を擁して旋風を巻き起こす例は珍しくない。それでいて、〈勝ち投手・負け投手〉という表現を避けている。そこにもどかしさも感じる。

高校野球とプロ野球は、誰もが同じ〈野球〉だと信じているだろう。よく考えると「ルールは同じでも本質の違うゲームではないか」と思わされもする。

高校で活躍した選手が、プロで活躍するとは限らない。その逆も多い。それは、レベルの違いや成長の早い遅いなどの理由もあるが、「野球が違うから」という要因もあるのではないか。「大切にするもの」や「価値観」が正反対だったりもする。

例えばバットの違いも大きい。金属か木製かで、打ち方も違えば、試合の進め方も根本的に変わる。野球が違う方向に展開するのは当然だ。その違いと、どれだけ多くの野球人が真剣に向き合っているだろうか。

投手は「攻撃の要」

「攻撃は最大の防御なり」と言われる。

野球の「守り」と言えば、受け身のようなイメージで捉《とら》えられる。まさしく守備なのだから当然だ。ところが、よく見つめ直してみると、不思議なことに気がつく。守備と言いながら、野球の場合は、投手が試合の主体性を握っている。

投手がボールを持ち、投手が投げなければ試合が始まらない。

サッカーのＰＫ戦にたとえてみれば、ボールを蹴るのは投手で、ゴールイン〈ストライクアウト〉を阻止しようとバットを持って立ちはだかるのが打者だ。一体、どちらが攻撃側で、どちらが守備側と表現するのが的確だろう？

守備側はどうがんばっても得点することができない。得点できるのは攻撃側だけ。だが、実際に攻めているのは投手で、守っているのは打者ではないか。この逆転現象も野球の本質であり、いわば理不尽と醍醐味《だいごみ》の一端だ。

ところが、ひとたび痛打を浴びて塁上に走者を置き、弱気なムードがマウンドに漂った途端に投手は〝守備の人〟のようにも見えてくる。そして、打者が攻撃している雰囲気を帯びてくる。でも本当は相変わらず、主体は投手にあって、投手に優先的な〈選択の自由〉が多く与えられている。投げる間合いを決めるのは投手だ。打者は打席を外してその間を嫌うこともできるが、同じ打席で何度もそれは許されない。投手は、状況が許す範囲であれば、マウンドを外すこと、牽制球《けんせいきゅう》を投げること、自由な間合いで投げることが許されている。

早いテンポで投げてもいい。強打者には打たせず、敬遠の四球を選ぶこともできる。打者はいくらあがいても、敬遠を選択されたら、よほどの場合を除いて、素直に一塁に歩くしかない。かつて、敬遠策に業を煮やした長嶋茂雄はバットを捨てて打席に立った。それでもバッテリーはストライクを投げなかったという伝説も残っている。

つまり投手とは、野球の中で最も攻撃的な役割を担う存在なのだ。「守りの中心」というのは言葉の綾で、本当は守備という名の「攻撃の要」だ。ピンチになるとすぐ「守ろう」と思う傾向の強い投手は、投手の本質がわかっていないと言っていい。

本質がわかっている投手は、ピンチになっても動じない。それは「気が強いから」ではなく、「投手の本質、野球の本質がわかっているから」と理解できるのではないだろうか。逆にピンチで崩れやすい投手は「気が弱い」のでなく、野球の本質がわかっていないため、勝手に崩れている可能性がある。

田中将大投手が東北楽天イーグルスのエースとして24連勝を記録した年、田中投手のマウンドでの姿は、これを明快に表現していた。ピンチになればなるほど、田中は攻撃的な表情になり、打者たちに立ち向かった。歴代「名投手」と言われる投手には共通して、この要素が備わっている。田中投手が投げると味方打線も打つといった相乗効果が生まれる。

打者は、9回2死の場面を除いて、凡退しても次の打者が打てば問題ない。ひとりの打者が1試合4三振しても、負けるとは限らない。走者を含め、計九人の打者たちで連携し、カバーし合うことができる。

投手は違う。自らの失点がチームの失点となり、勝敗に大きな影響を及ぼす。投手は、ファインプレーでバックに助けられることはあるが、明らかに野手の失策で負けた試合でも〈負け投手〉と記録される。また、交代は別として、三つのアウトを取らない限り、ベンチに引き上げることができない。

打線は点を奪えるが、何点取っても、勝利が決まることはない（コールドゲームの規定がある試合は別として）。100点取っても101点取られたら負ける。

守備は違う。もし投手を中心に1点も取られなければ、それだけで勝つことはできないが、負ける可能性は絶対にない。守備は負けない可能性を保障し、実現できるのだ。

監督・コーチは、こうした基本を押さえた上で指導にあたると、これまでとは違う発想で野球の深みを感じ、楽しみを広げられるだろう。

野球は一対一で対峙《たいじ》するスポーツだ

野球のプレーは、基本的に「投手と打者の対決」で始まり、その積み重ねで展開する。塁上に走者が生きれば、走者をめぐって野手たちの動きも複雑になる。牽制球を投げる場合もある。だが、牽制球以外は、走者がいても、投手が打者にボールを投じることで、次のプレーが展開する。

打者が投球を打ち返し、打球がフェア・グラウンドに飛んだとき、ほかの野手たちがこのボールを追いかけ、走者を追いつめる。その局面では一対一のゲームではない。走者がひとりなら打者走者を含めて二対九、走者ふたりなら三対九の鬼ごっことなる。

一方、走者がいない場面では、投手対打者の一騎討ち。打者は九人だから、投手一人対九人の戦いと言ってもいい。

「守ってくれる野手がいるから、投手は投げられるのではないか」

と、常識的な反論が来そうだが、高校時代まで投手だった経験から言えば、投手はマウンドに立って投げるとき、

「打ち取ったら、バックは守ってくれて当たり前」

と考えている。傲慢《ごうまん》な意味でなく、打ち取ったら投手の勝ち。いちいち守備にハラハラしない、バックを信用しているという意味だ。打ち取ったはずの当たりがポテンヒットになる場合もあるが、「自分は勝った」と思っていたし、走者が出たという現実は受け入れるが、決して落ち込んだりしなかった。

バックがエラーしたときも同じだ。見る人は「痛いエラー」などと言うが、エラーは時には仕方がない。捕って当たり前だが、エラーが出たからといってガッカリもしない、責めもしない。状況を受け入れて最善の対応をするだけ。投手とは本来、そういう感覚の持ち主だと思う。

「九人で守る」意識は当然前提だが、それ以前に「投手がひとりでマウンドに立ち、ひとりで打者と対峙する覚悟」は大切な基本だろう。なにしろ、投手個人に勝敗が付く。野球とはそういう競技なのだ。

守備で点を取れない宿命とどう向き合うか

守備のときには絶対に点を取ることができない、と先ほども書いた。

これは本当にもどかしい。そして、プレーヤーを惑わせる。これこそ理不尽なからくりのひとつだ。

点数を取れるのは攻撃側だけ。だから、守備は守備だと思い込む。守りに入ってしまいがちになる。

「守備でいいリズムをつくって得点を生む」

という言葉はしばしば使われる。それは誰もが納得できる〈野球の定石〉のひとつだ。この言葉をさらに拡大解釈して、

「素晴らしい守備は、実は1点にもならないけれど、試合を支配し、次の攻撃での得点を約束する攻撃そのものだ」

と、常に肝に銘じてプレーしたら、もっと野球の本質に基づいてプレーできるだろう。

「守備の無失点は得点ゼロだが、最高の攻撃に成功した証《あかし》だ。それは、得点したに等しい価値がある」

野球のスコアは打撃で点を取ってこそ勝利に近づく「加算法」と思いがちだ。が、実は「守備という攻撃」で「0」を積み重ねる重さをもっと直視すべきだろう。守備で最少得

点に抑えることは、言うまでもなく勝利への近道。得点ゼロでは勝てないが、失点ゼロなら負けはしない。

現役でプレーしているころ、「守っている間は絶対に点が入らない」と意識したことはなかった。ところが四〇歳を過ぎ、取材を通して思いを寄せる高校野球の夏の予選を応援しているとき、胸が潰れるほどの苦しさを経験し始めた。

（野球とは、なんと理不尽なゲームなのか）

息詰まる接戦。0対0の均衡が破れず、重苦しい試合が続く。応援している高校の攻撃が無得点に終わり、守備に走る姿を見て、守っているときにあるのは「不安だけだ」と感じた。つまり、彼らが三つのアウトを取ってまたベンチに駆け戻ってくるまでの間、可能性はふたつにひとつしかない。無得点に抑え、同点のまま次の攻撃を迎えるか。もしくは先取点を奪われてしまうか。

間違っても、守っている間、こちらに点が入る可能性はない。リードを奪われる恐れはあっても、リードを奪うチャンスはない。そう考えたら、どんどん胸が苦しくなって、いたたまれなくなった。名将と呼ばれる監督たちが、「じゃんけんに勝ったら後攻を取る」

と口を揃える理由はよく理解できる。

だが、ここにまた、野球の勝負を制する綾がある。

そのような不安に支配され、不安を土台に動くチームや選手は力を出せず、自滅する。いかに攻撃的な姿勢で勝負に臨めるか。「守備は最大の攻撃だ」と、身体の底から感じることができたら、不安から解き放たれて、守りが楽しくなる。野球をもっと深く愛することができるに違いない。

第二章　古き佳き野球の時代

少年の心を熱くした〈野球の伝説〉

野球をいつ、どんなきっかけで好きになったか、思い出せるだろうか？

私はいくら考えても思い出せない。いつのまにか、好きになっていた。

そのころ最も輝いていたプロ野球選手は「長嶋茂雄」だが、長嶋に魅せられて野球を好きになったのではない。野球を好きになって、それから徐々に長嶋が心の中で大きくなった。そういう順番だ。長嶋がプロ入りしたのは一九五八（昭和三三）年、私が二歳のころ。デビュー戦の４打席４三振は見ていない。入団二年目の天覧試合のホームランも記憶にない。小さかった上に、当時、自宅にはまだテレビがなかった。

何かひとつのきっかけではなく、時代の空気そのものが私たちを野球に誘い込んだように思う。

ひとつ、はっきりと思い出すのは、図書館でむさぼり読んだ〈野球の伝説〉だ。

あの興奮は鮮烈で、特別だった。少年時代、初めて出会う未知の世界の興奮。私にとって、本を通して出会った〈野球選手の世界〉は鮮烈だった。

本に書かれた〈古き佳《よ》き野球〉の逸話に、夢中になった。もしかしたら、実際にプレーする以上に、また実際のプレーを見る以上に、時空を超えて〈野球の織りなすドラマ〉に魅せられたのかもしれない。考えてみれば、新潟県の長岡市で生まれ育った私にとって、プロ野球は身近に存在しないものだった。球場に試合を見に行く機会はほとんどない。ＮＨＫのほかは民放一局（ＴＢＳ系）しかチャンネルがなかった田舎町では、ナイター中継も水曜と週末に限られていた。大手の新聞には前々日のナイターの結果しか載っていない。読売新聞には広告チラシのような号外で前夜のナイターの結果が挟み込んであった。そういう時代だ。小学生と野球の接点はいまよりずっと少なかった。なのに、多くの少年が野球のことを一番熱く胸の中で思っていた。

野球には、現実を超えて、異次元の劇場を私たちの中に創り出してくれる不思議な力があった。

選手と感激を共有する喜び

通算７１４本ものホームランを打ったベーブ・ルースは、病気で入院している少年を見舞いに行って、「キミのために必ずホームランを打つよ」と約束した。そして、約束どおり、その日の試合でホームランをかっ飛ばした。また、打席に立ったベーブ・ルースは、バットをスタンドに向け、スタジアム全体にホームランを予告したこともある。そして、そのとおり、打球をスタンドに打ち込んだ……。

それらの伝説をむさぼるように読んで、理屈抜きに憧れ、その世界に胸を躍らせた。〈その世界〉と書いたのは、「ホームランを打つすごい選手に憧れた」ばかりではないという意味だ。〈結果〉だけを重視し、〈スターの創出〉を常に待望する昨今の風潮に縛られた狭い発想で考えると、「約束どおりホームランを打ったベーブ・ルースってすごいね」と、そこばかりに目が行ってしまいかねない。

でも、少年時代、私がその話に胸をときめかせたのは、その伝説に病気の少年の存在があったからだ。病気という境遇は歓迎できない。けれど、英雄ベーブ・ルースと接し、声をかけてもらう少年がなんとうらやましかったことか。しかも、約束どおりホームランをプレゼントしてもらう。少年の興奮を思うと、うらやましく、その交流に自分の夢を重ねて、居ても立ってもいられない気持ちになった。それは、自分の日常にはありえない〈夢のような出来事〉だ。

スター選手と同じ未来を共有する喜びが野球にある。私たちは、憧れの選手と一緒に冒険の海に漕《こ》ぎ出す興奮を味わえる。野球という〈競技〉に魅せられただけではなく、「勝った・負けた」の結果にただ興奮したのでもなく、野球の持つ広がりと深みに心をつかまれたのだ。

それこそ野球が子どもも大人をもとりこにし、魅了し続けてきた要因ではないだろうか。裏を返せば、野球人気の衰退が叫ばれるのは、その広がりが縮小し、結果やスター選手の存在ばかりを重視して、無限の広がりを忘れかけているせいかもしれない。

煉瓦《れんが》の塀に穴をあけた快速球投手

小学校五年か六年のある時期、私は図書館にある野球選手の伝記を片端から読んだ。なぜか誰にも話さなかったが、胸の中に最も大きな共鳴を感じたのは、海草中学（現・和歌山県立向陽高等学校）の嶋清一投手の伝説だった。

一九三九（昭和一四）年夏の甲子園で、嶋は全5試合に完封勝利し、海草中を全国優勝に導いた。しかも、準決勝、決勝は2試合連続でノーヒットノーランを達成した。左腕から投じる嶋の剛速球と「懸河のドロップ」は当時の中等学校野球では群を抜いていたと伝説は記す。

嶋清一（1920〜1945）　提供：朝日新聞社

嶋は、写真を見ると、丸めがねのマジメ青年のようで、それほど少年に憧れを抱かせるタイプではない。だが、その逸話を読んだとき、嶋投手は私の胸の中で、「自分の遠い先にいる大先輩」のように感じた。自分と心がつながっている野球人を見つけた気がして、新たな興奮を覚えたのだ。その思いを今日まで誰にも言わなかったのは、嶋によって響いた琴線が、あまりに自分の内面の深い気持ちと直結していたため、気恥ずかしかったのだ。それは自分にとって大切な、だけどちょっと照れくさくもある、ひそやかな喜びだった。

私を興奮させたのは、2試合連続ノーヒットノーランの偉業ではなかった。

嶋投手は、コントロールを身に付けるため、来る日も来る日も、校舎の一角にある煉瓦造りの塀を相手に、ひとりでピッチング練習を重ねた。やがて、塀に穴があいて、ボールが向こう側に貫通した……。

その話を読んで、震えた。嶋投手が、煉瓦塀の同じ場所に一心にボールを投げ続け、やがてそこに穴があく、その光景を思い描いたらゾクゾクした。なんとすごい選手がいたものか。その実力、その努力、その事実。

小学生のころ、私の唯一のダイヤモンドは自宅前の小さな空き地、相棒は家のブロック塀だった。学校から帰ると毎日、自宅のブロック塀を相手に投球を繰り返すのが日課だった。自分で塀の区切りごとに、

（あのエリアはヒット、あのエリアは内野ゴロ）

などと決め、ボールが塀から跳ね返ったらすかさず内野手に変身し、キャッチして「一塁送球！」といった、ひとり野球ゲームに没頭していた。毎朝五時には起きて〈試合〉を開始した。

たったひとりでも野球はできる。家の前の小さなスペースは、私の中では〈甲子園球

場〉だった。私は、いずれ自分が進学する高校のメンバー表をつくった。自分の名前はいつも〈4番〉に書き込み、ポジションは〈ピッチャー〉だった。そして、甲子園で対戦する代表校の架空ラインナップをいくつもつくり、小さなノートに書いてマウンドの足元に置いた。いつしか、小高選手という宿命のライバルまで誕生した。五〇年も経《た》つというのに、架空のライバルの名をいまも覚えている。それは、最近のバーチャルゲームと違って、本当に身体を動かして「対戦した」、私の中では実在の強打者だった。

そんな日常を過ごしていた私だから、嶋投手の逸話は衝撃的だった。いつかブロック塀に穴があく日を思い描いて投げ続けたが、ついにボールは貫通しなかった。

中学三年の夏、自宅を壊して新築するとき、物置の一角に大事に仕舞っておいたそのノートの存在をすっかり忘れていた。広いと思っていた私のダイヤモンドが、中学生になるともう狭すぎて、そのノートを持ち出して遊ぶ機会がなくなっていたからだ。私はうっかりノートの存在を失念し、ずいぶん後になって、あのノートが古い家の廃材と一緒に処分されたことに気がついた。いまも時々思い出しては、ささやかに悔やむ。あの小さなノートだけは、残っていたら本当に懐かしい宝物だと思う。

天才投手・沢村栄治が思いを寄せた女性

そのシーズン最も活躍した本格派の投手に与えられる「沢村賞」に名前をとどめる沢村栄治投手は、一九三四（昭和九）年、まだ一七歳のとき、京都商業学校（現・京都学園高等学校）を中退して全日本軍に加わり、ベーブ・ルース、ルー・ゲーリッグら、大リーグのスーパースターたちが居並ぶ全米オールスター軍を相手に力投。わずか1失点に抑えた伝説の持ち主だ。翌年のアメリカ遠征でも、エース沢村は長い遠征の旅を通してずっと全日本軍の看板選手として活躍。訪れる先々で注目の的だった。ベーブ・ルースから三振を奪った「スクールボーイ・サワム

沢村栄治（1917〜1944）　提供：共同通信社

ラ」の名は、全米各地に響き渡っていたという。沢村がいなければ、「実力的に遥《はる》かに劣る」とアメリカ人の大半が決め付けていた極東のチームとの試合を、各地の強豪クラブが承諾してくれただろうか。

沢村見たさに試合を承諾してくれたチームも多かったという。沢村は間違いなく、日本のプロ野球草創期を支えた立役者のひとりだ。

私は沢村の伝記を読んで、沢村栄治がひそかに思いを寄せる令嬢がいたこと、その女性もまた、許されぬ恋と知りながら沢村を慕い、ついに結ばれて結婚したロマンスを知った。沢村栄治は、自分と同じく恋もする、悩みもするひとりの若者だった。それを読んだら、途端に親近感を抱き、沢村という遠い存在が、自分とどこかでつながっている親戚か家族のように感じられた。

スポーツライターになったばかりの二〇代半ばころ、出版社の編集者から「どんなテーマで書きたいの？」と訊《き》かれるたび、私は心の中に〈沢村栄治〉の顔を思い浮かべた。最初に「書きたい」と夢を描いたのは、人間・沢村栄治の物語だった。

やがて、沢村の面影を追って、出身地の伊勢に行った。中学時代（いまでいう高校時代）を過ごした京都商業も訪ねた。そして、沢村の奥様だった女性に会いたくて、居所を探した。彼女は、沢村が戦死し未亡人になって以後、マスコミの取材を一切断り、表に出ることを拒んでいると知らされた。行方を知るマスコミ関係者もほとんどいない状態だった。

あれこれと資料を読み込み、伝手《つて》を頼って探すうち、彼女が戦後再婚し、四国のある町で暮らしていることがわかった。私は、再婚したご主人の経営する小さな会社の名前を推定した。まだインターネットもない時代。電話番号案内などを頼りに、ついに会社の住所を手に入れた。

ある日そこを訪ねると、幸いにも自宅の住所を教えられた。すぐ自宅に回ると、玄関先に出てくれたのが、沢村栄治が思いを寄せた女性だった。突然の訪問に彼女は戸惑いの表情を浮かべた。私が思いを話し、取材のお願いをするとちょっと思案したあと、

「少し歩いたところに喫茶店がありますから、そこでお待ちいただけませんか」

と彼女は言った。私は、飛び上がりそうなほど興奮した。それは、長く恋い焦がれた片思いの女性に告白し、思いがけず承諾を得たような感激だった。

約束の時間に、身なりを整えた彼女が現れた。二〇代の私と、還暦を過ぎた女性。傍《はた》からはどんな関係に見えただろう？　私たちの中では、それは間違いなく、好意を感じ合った男女の胸ときめくデートだった。私はそうだったし、後で思えば彼女もそうだった。

ただ、そのときの会話の内容は、実はあまり覚えていない。せっかく貴重な取材機会を得られたのに、私は大した話が聞けなかった。四〇年の時を超えて、天才投手と間接的な出会いを果たした。夫人にお会いできた感激で、ふたりでいる時間を味わうほかには何もいらない気持ちだった。稚拙な取材者。けれどもひとりの野球少年とすれば、いい取材ができたかどうかより、沢村栄治の愛した女性に私も心を許してもらえた、その感動でいっぱいだった。

突然、ボールが速くなった雨の日の出来事

宇治山田市（現・三重県伊勢市）の小学校で頭角を現し、ちょっと知られるピッチャーになった沢村少年は、京都商から声がかかり、キャッチャーの山口千万石《せんまんごく》と一緒に、親元を離れて進学した。

京都商は、野球部ができてまだ二年目の新しいチーム。校長が、「必ず甲子園で優勝する」と、野球部の強化に熱心に取り組み始めていた。

「入学したらすぐピッチャーをやらす」と言われて京都商に入った沢村だが、行ってみると最初はショート、次にセカンド、そしてファースト。三年生になるまではピッチャーの仲間に入れてもらえなかった。一七歳にして「天才投手」と呼ばれ、才能を開花させる沢村栄治にも、自分の可能性に自信が持てず、苦悩した青春時代がある。白鳥の子が、いわば「みにくいアヒルの子」のように疎外され、自分の居場所を見つけられずに悶々《もんもん》としていた。

沢村にはひとつ悩みがあった。小学生のころから、

「栄治のボールは特別速いことはないけど、しなるように浮き上がってくる」

山口千万石（1917〜2003）　提供：朝日新聞社

と言われていた。飛び抜けて速くはない。それなのにバッターがみな打ちにくそうに空振りを重ねる。それを「生まれながらの球質」と褒めてくれる人もいたが、「特別速くはないが」と言われるたび、沢村少年は悔しさを感じた。やはり、「お前の球は速くて打てん」と言われたかったのだ。

沢村という天才投手がまだ羽化して蝶《ちょう》になる前、京都商二年生のころ、京都の立命館大学に青柴憲一という有名なピッチャーがいた。球場に出かけ、初めて青柴投手のピッチングを見たとき、目が釘付《くぎづ》けになった。速い！　とにかく速い！　それほど速い球を見るのは初めてだった。

（自分も、あんな快速球を投げたい！）

居ても立ってもいられない気持ちになった。血が騒いだ。沢村が「誰にも譲れないもの」を見つけた瞬間でもあった。

その日から、青柴を超える速球を投げたい一心で、まずは走り込みを続けた。長い距離を走るのは得意ではなかったが、できるだけ休まず、毎日走った。一ヵ月、二ヵ月経つうちに走れる距離はだんだん伸びた。ダッシュのスピードも勢いを増した。毎日走って、身体の中の動きが変わり始めた。すると、走り始めて半年くらい経ったころ、忘れられない出来事が起きた。京都商の三年生になって少し経った放課後のこと。それは細い雨の降る夕暮れ時だった。

この〈雨の日の出来事〉は、私が伊勢を訪ね、小学校、中学校を通してずっと沢村の女房役だった山口千万石捕手から直接伺った話だ。その伝説に接したとき、私はさらに沢村栄治という人間に魅せられた。

山口千万石は、私に自分の左手を差し出して見せてくれた。すでに七〇歳に近かった。しわだらけの手。その中で、ひときわ奇妙な形が目を引いた。

「左手の人差し指が慢性的に腫れて、潰れてタラコのような形になっているのです。栄ちゃんの球を受け続けたキャッチャーの証です」

千万石は、誇らしげに笑った。

「この人差し指は、私の宝物です。天下一の沢村栄治の球を捕り続けてこうなった、キャッチャーの誇りです」

そして、

「もうひとつ、生涯の宝物があるのです」

夢見る表情で山口千万石捕手が話してくれた。

「あんなにビックリした出来事は後にも先にも二度とありませんでした。あの雨の日の思い出は、私の人生最高の宝物です」

それが、沢村栄治の人生を変えた、雨の日の出来事だ。


小雨を避けるため、沢村栄治と山口千万石は京都商グラウンドの一隅にある大きな木の下でピッチング練習を始めた。木の枝が広がっていて、雨が当たらない。そこで、いつものように山口捕手のミットをめがけて投げていた。

大きくふりかぶって、左足を上げるとき……、身体の中につむじ風が吹いた。

クルクルっと、身体の中に竜巻が吹いたかと思うと、身体は自然に動いて、気がついたら、ボールを投げ終わっていた。

「え、栄ちゃん！」

千万石が腰を抜かし、目を真ん丸くしてつぶやいた。何が起こったのか、沢村にもすぐわからなかった。

「栄ちゃん、いま、とんでもない球、投げよった」

ミットの中からボールを取り出して、千万石が呆《あき》れた顔で沢村に言った。

突然、ボールが速くなった。それは、運命の雨の日だった。

「怖くて、素面のままじゃ捕れない」

千万石は慌てて脇に置いていたキャッチャーマスクを取って着けた。構える姿に、恐れに震える緊張がみなぎった。

この瞬間から、天才投手・沢村栄治が確かな階段を昇り始めた。

甲子園に出場した沢村は1試合23奪三振を記録するなど、その名を全国に知らしめた。

そして一九三四年、京都商を中退して、日米野球の全日本軍に参加する。弱冠一七歳。いまで言う高校三年の秋、全米軍を相手に好投。ゲーリッグに本塁打を浴びて1対0で惜敗するが、その快投ぶりは全米にも伝えられ、沢村の名は一躍本場アメリカにまで轟《とどろ》いたという伝説が残されている。

いつもへその前でフライを捕る「へそ伝さん」

プロ野球の草創期、日本では東京六大学野球が最高の人気を博し、大学生選手たちが野球界の花形だった。プロ野球は「職業野球」と呼ばれ、「野球で報酬をもらうなんて」と蔑《さげす》まれる空気があった。そんな世間の眼差《まなざ》しを覆し、プロ野球の隆盛を実現しようと、選手たちはそれぞれ懸命に工夫と努力を重ねていたという。

私は古い野球雑誌で、「たこ足・中河」「七色の変化球」「物干し竿《ざお》の藤村」「へそ伝さん」といった異名を目にして、胸を躍らせた。

〝たこ足・中河〟こと中河美芳《みよし》（イーグルス）は、身体の柔軟な一塁手。内野手からどんな送球が来ても足を上げたり広げたり、タコのように身体をくねくねさせて処理してしまう。そういう個性のある選手のことは、想像しただけで楽しかった。

〝へそ伝〟こと山田伝選手は、阪急の外野手。平凡な外野フライの捕球は見る者にとっては退屈だと、山田は考えた。カーンとフライが上がった瞬間、「アウトだ、簡単に捕れる」と思わせてしまう。それではつまらない、お客を呼べない、そう感じていた山田は、ある日の試合でたまたま、へその前でポケット・キャッチをした。頭上でフライを捕るのでなく、両手の平を上に向けて、グローブをお盆のように使って捕ったのだ。すると、スタンドのファンがワッと沸いた。

(平凡な外野フライを捕って、こんなに喜ばれたのは初めてだ)

次のフライも、へその前で捕った。またファンが沸いた。そうするうちに、山田は「へそ伝さん」と呼ばれるようになった。

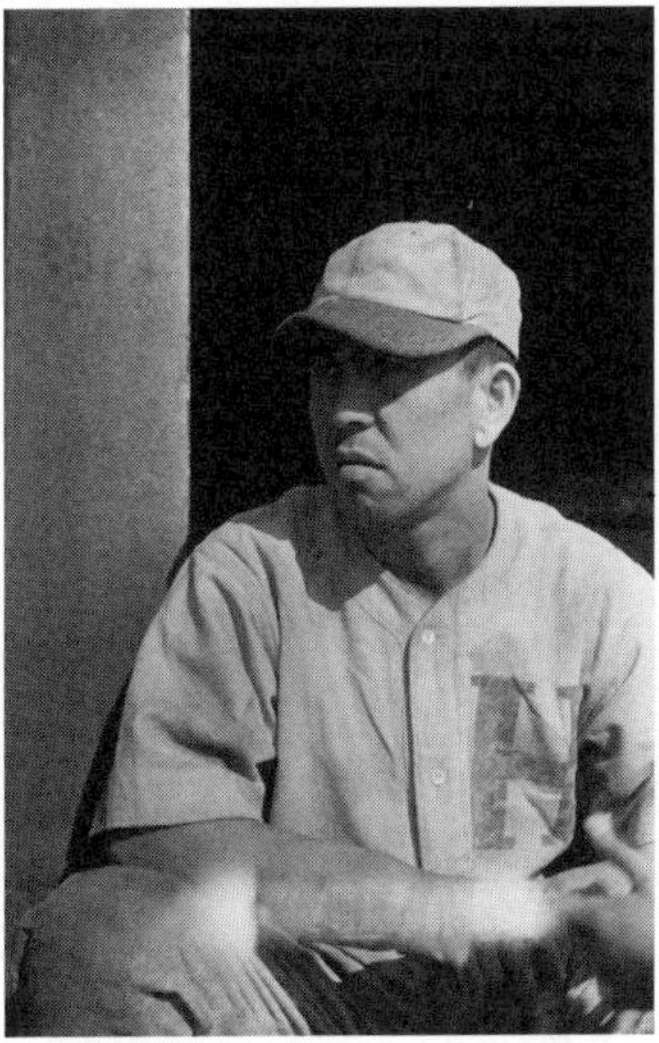

〝へそ伝〟こと山田伝（1914〜1987）　提供：共同通信社

それが売り物になったから、どんな打球が来ても、できるだけへその前で捕った。それはそれで難しい。へそ伝さんならではの名人芸。各選手がそのようにして、プロ野球人気の獲得に努めた。そうした努力の末にいまに続くプロ野球の繁栄がある。

私は雑誌『Ｎｕｍｂｅｒ』のスタッフライターになってまもないころ、「巨人・阪神戦特集」という号の取材で、へそ伝さんにお会いする機会に恵まれた。

東京・新宿の喫茶店で話を伺った。あまり饒舌《じょうぜつ》でなく、どちらかといえばユーモアのある喋《しゃべ》りもしない山田伝に私は戸惑った。根っからの芸人というタイプでは全然ないのだ。

私は聞いた。

「どんなフライもおへその前で捕ったのですか？」

「そうですね。へそ伝と言われた以上、へその前で捕らないと」

愛想のない、無表情な声でへそ伝さんは言った。なんだか、へその前で捕ることは決して好きじゃなかった、そんな風に感じた。少し気を遣いながら、

「本当は、へその前で捕るなんて、嫌だったとか……」

すると、私の目を見てへそ伝さんは言った。

「いいえ、楽しかった。だって、へその前で捕ったら、ファンがワッと喜ぶんですから」

そう言って、初めてへそ伝さんは少し笑った。

インタビューの後、喫茶店の外に出て、写真撮影をお願いした。ビルの谷間の小さな空

地に立ってもらって、へそ伝さんに、ポケット・キャッチのポーズを頼んだ。ボールもない、グローブもない、六〇歳を過ぎ、地味な洋服に身を包んだへそ伝さんにそのポーズをしてもらっても、正直、なんだか申し訳ない絵になった。それでもへそ伝さんは嫌な顔もせず、お腹の前で両手を広げ、往年の名ポーズを決めてくれた。私がシャッターを押そうとすると、ちゃんとフライを見上げてもくれた。

ひとりでも多くのファンをスタジアムに呼ぼう、少しでも職業野球の人気を上げよう、草創期の選手たちの心意気を見せてもらった気がした。

長嶋が4打席4三振に倒れた夜

立教大学で六大学野球通算8本のホームランを放ち、鳴り物入りで巨人に入団した大型新人・長嶋茂雄が、開幕戦でいきなり金田正一投手（国鉄スワローズ）からプロの洗礼を浴びた伝説はあまりにも有名だ。一九五八年の四月五日のことである。

長嶋は、金田の左腕から投じられる快速球と落差の大きなカーブに手も足も出ず、クルッ、クルッと、空振りを重ねた。よりによって4打席連続三振を喫するなど、誰ひとり想像していなかっただろう。

デビュー戦から活躍を期待された黄金ルーキーは、思わぬ挫折を味わうことになった。

私は長嶋のいわゆる浪人時代（監督を解任され、しばらく野球の現場から離れていた時期）、長嶋の伝記を書くため、インタビューをさせていただく機会に恵まれた。

金田投手に4三振を喫して、プロのレベルの高さに直面し、先行きの不安を感じなかったのか、自信をなくしたりしなかったのか？　と尋ねた。

すると、長嶋は、目を大きくむいて、真っ向から否定した。

「ありません、一切そんなことはありません。私が立教大学に入ったのは、四年後、プロ野球で活躍するためです。プロに行ったら一年目から活躍するために、猛練習を重ねたわけですね。だから、自信が揺らぐなんて、そんなことはもう。はい、ただ悔しくてね、悔しくて、悔しくて、その晩はなかなか寝付けませんでしたね。次は打ってやろうと、その思いだけでした、はい」

言われてみれば当然だ。プロに入って自信をなくしている場合ではない。またそんなか弱い気持ちの持ち主であろうはずがない。

そしてこうも教えてくれた。

「私の場合はね、最初はたいてい三振です。中学校も、高校も、たしか大学でも、最初の打席は三振から始まっているんですね。はい。いわば、敗北からの始まりといいますか。みなさんが思っていらっしゃるように、決して順風じゃないんですね。悔しさから始まる、それが私の持ち味なんです」

始まりはいつも雨……。悔しさから長嶋は始まる、そう聞いて合点がいった。なぜなら、現役時代の長嶋は、チャンスに滅法強いバッターであったと同時に、ずいぶんと私たちをがっかりさせてくれる天才でもあったからだ。現役終盤はとくに、チャンスで併殺打に倒れ、一塁を駆け抜けて大きく天を仰ぐ長嶋の姿に、何度もため息をかみ殺した。けれどまた、その悔しさを倍の喜びにしてくれる快打を打って、興奮させてくれた。それが長嶋だった。長嶋茂雄は、悔しさをファンと共有する天才でもあった。

長嶋が〈みんなの長嶋〉になった、天覧試合の舞台裏

長嶋茂雄が特別な存在になったのは、ただ打つから、チャンスに強いからだけではなか

った。長嶋伝説の大きな柱である、〈天覧試合のホームラン〉がなければ、長嶋はこれほど国民的に愛される存在になったかどうか、わからない。

天皇皇后両陛下が、一九五九（昭和三四）年六月二五日に後楽園球場で行われる巨人対阪神（当時は大阪タイガース）戦をご覧になると発表された。それまで、日本の国技である大相撲や、都市対抗戦・早慶戦で野球を観戦されたことはあるが、発足当初は職業野球と蔑まれていたプロ野球を天皇陛下がご覧になる日が来ようとは、選手たちそして野球ファンにとって望外の感激だった。

（なんとしても、素晴らしい試合をお見せしたい）

（天皇陛下にプロ野球を好きになってもらいたい）

ニュースを聞いた誰もが切実に願ったという。

長嶋は天覧試合の前夜を振り返って、こう話してくれた。

「前の晩はもう興奮してなかなか眠れませんでしたねえ。素振りをした後、バットを枕元に置いて布団に入りました。明日は必ずホームランを打たせてください！　神様にそうお願いしました」

その天覧試合をテレビ中継した日本テレビの後藤達彦ディレクター（当時）に取材で話を聞く幸運にも恵まれた。いまから三十余年前、『月刊現代』に原稿を書く予定だった作家の故・山際淳司の取材アシスタントを依頼され、忙しい山際に代わって取材に行ったのだ。

後藤は天覧試合のテレビ中継の舞台裏を話してくれた。

「試合が長くなったので、中継車にいた私は、局の上司と電話で放送時間の延長をめぐって押し問答を重ねていました」

まだ二〇代の若い後藤が現場から、

「もう少しだけ放送させてください」

と叫ぶ。

「もうこれ以上は無理だ」

答える声からは上司の苦虫をかみつぶしたような顔が浮かぶ。

次の放送番組のスポンサーとの調整もある。難しい状況は百も承知だった。だが、この試合を最後まで中継できなければ、せっかくの天覧試合の意味がなくなると後藤は思った。

「まもなく9回裏です。せめて、この回まで！」

後藤の叫びを、上司の冷たい声が遮った。

「そう言ってもなあ、天皇陛下はまもなく退席されるお時間だ。そうしたら、中継は打ち切るぞ」

「………」

後藤には返す言葉がなかった。

天皇陛下のご予定は、事前に分刻みで決められていた。たとえ試合が終わらなくても、決められた時間になれば退席される。もうその時刻を過ぎようとしていた。

（史上初の天覧試合を最後まで全国に放送したい！　天皇陛下に野球の醍醐味を味わってお帰りいただきたい！）

焦りと不安、強い希望が交錯した。

（途中でご退席されてたまるか！　勝負の決着をご覧になって、野球の楽しさを感じていただかなければ意味がない）

強い思いが身体の中に渦巻いていた。

9回裏、天皇陛下はまだロイヤルボックスにおられた。特別な変更がなされたようだ。一瞬、安堵《あんど》した。だが、いずれにしても残された時間は少ない。中継車の中でカメラ映像を見つめる後藤の目に、打席に入る長嶋茂雄の姿が飛び込んで来た。

（4番・長嶋……。おそらく、この打席が終われば陛下は退席されるだろう）

阪神のマウンドには「ザトペック投法」で知られるエース村山実が立っている。後藤は祈る思いでスイッチを操作し、全国に長嶋対村山の場面を送り続けた。その村山が、いつものフォームから全力投球した次の瞬間……。

長嶋のバットが一閃《いっせん》すると、打球は後楽園球場の夜空にアーチを描いた。観衆の眼差しが、レフトスタンドに向かう打球に吸い寄せられた。天皇陛下もわずかに腰を浮かせられ、みなと同じ白球を見つめられた。長嶋は、打った次の瞬間、二、三歩走りかけたところで足を止め、ホームベースのすぐ脇で、一緒に打球の行方を見つめた。天皇陛下と、長嶋と、球場にいた全員と、そしてテレビ画面を見つめるすべての人々の眼差しが、ひとつの打球に寄せられた。

白球が確かにレフトスタンドに吸い込まれた瞬間、なんともいえない歓声と興奮がスタ

1959年6月25日、後楽園球場にて行われた初の天覧試合（巨人対阪神）で、9回裏、巨人の長嶋茂雄がサヨナラ本塁打を放つ　提供：共同通信社

ジアムを覆い尽くした。長嶋はそれを確かめ、大股でダイヤモンドを走り始めた。いつもなら、鉦《かね》や太鼓の大声援で迎えられるところだが、この日は鳴り物入りの応援自粛を求められていた。長嶋はダイヤモンドを軽やかに駆けると、ホームベースを踏んだところでロイヤルボックスを見上げ、天皇陛下に一礼した。

興奮は最高潮に達した。

終戦から一四年。野球は戦後、日本の「国技」のように言われるほど発展していったが、そのターニングポイントとなったのはまさにこのホームランではないだろうか。長嶋茂雄が〈みんなの長嶋〉になったのもまたこの瞬間だった。

三冠王を三度も獲《と》った落合博満は、どれだけ打撃記録で長嶋を上回っても長嶋を超えることのできないジレンマをしばしば語っている。

「どんなに打撃タイトルを取り、記録の上で長嶋さんを抜いても、長嶋茂雄という存在を超えることはできない」

私自身も取材の際に落合から直接その複雑な悔しさを聞いた。

長嶋茂雄は天覧試合でサヨナラ・ホームランを打った。戦後一四年、日本人の心をひとつにする存在になった。天覧試合で天皇陛下と多くの国民の邂逅《かいこう》を果たす役割を果たした。だからこそ長嶋茂雄はただの野球選手でなく、国民的なヒーローになったのだ。落合は、たとえ長嶋以上の打者であっても長嶋を超えることができない。その悲哀を、落合自身が長嶋のファンであっただけに、よくわかっている。わかっているだけに、バットマンとしてはもどかしく悔しい。それは、落合博満、王貞治、野村克也ら、ごく一部の大打者だけが実感的に抱く葛藤であり、言うに言われぬ嫉妬であり、永遠に超えることのできない現実だった。

これもまた、「野球は人生そのものだ」と言われる所以《ゆえん》であり、それぞれの運命と理不尽が厳然とある。

三台目のカメラをどこに設置するかの選択

天覧試合のディレクターを務めた後藤達彦とは、取材をきっかけにその後も親しく交流させていただいた。後藤の父親は、読売巨人軍の創設者であり、読売新聞、日本テレビの社長でもあった正力松太郎の親しい友人で、巨人軍を創設する際に最も多くの出資をして正力を支えた人物でもある。テレビ中継の草創期に「野球中継の基礎を築いた」とテレビ界で語り継がれるテレビ業界の伝説の人・後藤達彦から聞いた興味深い話を紹介しよう。

一九五三（昭和二八）年に開局した日本テレビは、国民の熱狂的な支持を集めたプロレス中継と並んで、親会社の読売新聞がつくった読売ジャイアンツを中心とするプロ野球中継に力を入れた。とはいえ、テレビの普及率がまだ低く、放送技術も手探りだった時代。後楽園球場から全国に野球中継を伝えるために使えるカメラはわずか二台だった。

一台はバックネットの後方。投手の投球をほぼ正面から捉え、投手と打者の勝負を映し出すカメラ。もう一台は、一塁スタンドの上方に置いて、飛んだ打球や守備、走者の動きなどを映す。この二台ですべてのプレーを捉え、放送していた。現在は一〇台以上のカメラが配備され、あらゆる角度からグラウンドの映像を網羅している。それに比べてなんと厳しい撮影条件だったかが偲《しの》ばれる。

そんなある日、野球中継用に三台目のカメラを買ってもらえることになった。

「新しいカメラをどこに設置して、どんな映像を撮るか?」

議論が始まった。上司からもカメラマンからも、中継に携わるスタッフからも、様々な意見や要望が出された。最終的にはディレクターの後藤達彦が結論を出した。

後藤が選んだ場所は、一塁ベンチ脇のカメラマン席。ここからは、一塁ベンチに座る巨人の選手や監督、コーチの表情が克明に映し出せる。後藤はこう考えたのだ。

「野球のプレーでなく、監督や選手たちの表情を撮る、生の表情を全国に伝えよう」

それは、スポーツばかりでなく映画にも造詣が深く、後にテレビで初めて長編名作映画『風と共に去りぬ』の放送を実現させた後藤らしい発想だった。

大学時代はテニス部だった後藤が、テレビ中継の仕事を通じて野球に魅了されたのは、勝ち負けという結果だけでなく、勝負の向こうにある選手たち、監督たちの感情の揺れ動き、心のドラマに胸を打たれたからだ。

（野球には、映画と同じか、それ以上の心のドラマがある。この心の動きを伝えなければ、本当に野球を伝えたとは言えない）

後藤は二台のカメラでは映しきれないジレンマを感じていた。

（ようやく、試合中の選手たちの表情を野球ファンに見てもらえる。野球の魅力をもっと深く伝えたい！）

ひそかな野望を胸に、三台体制の中継が始まった。それからまもなくのことである。

当時、「魔球」と呼ばれたフォークボールを駆使する中日の杉下茂投手が全盛期を迎え、巨人打線は対戦するたび、杉下に抑えられていた。その夜も後楽園球場で巨人打線が杉下を打ちあぐんでいた。

しかし終盤、ついに巨人打線が杉下を捉えた。杉下は痛恨の一打を浴び、勝負が決した。巨人キラーの杉下を打ち崩し、久々に巨人が杉下相手に溜飲《りゅういん》を下げた。

そのとき、後藤ディレクターはホームランを打ってダイヤモンドを回る打者走者をテレビ画像に送らなかった。普通なら、笑顔のヒーローの姿を全国のお茶の間に届けるのが定石だ。後藤はそれをせず、三台目のカメラマンにずっと、打たれた杉下の表情を追いかけさせた。マウンドにうずくまり、痛切な表情をかみしめる杉下の苦悶《くもん》を、後藤は全国の視聴者に届け続けた。

局内では、その判断に賛否両論があふれた。多くは、「なぜホームランを打った選手を見せないのか」という叱責だった。後藤は三台目のカメラで狙い通りの映像を捉え、全国に送り届けた。杉下の激しい表情には、野球の残酷さ、勝負に敗れた男の言葉に尽くせぬ悔しさが滲《にじ》み出ていた。それをしっかり届けた後藤の思いは必ず、野球ファンだけでなく、多くの野球をまだ知らない女性たちにも伝わるに違いないと信じたかった。

杉下茂（1925～）　提供：共同通信社

〈杉下のあの表情こそ野球の断面であり、テレビ中継で伝えるべき野球の奥深さだ〉

しかし、上司たちは後藤の情熱を必ずしも評価してくれなかった。

翌日、後藤は日比谷の喫茶店にひとりで出かけ、新聞を読みながらコーヒーを飲んでいた。すると、隣の席のサラリーマンたちが昨夜のナイターの話をし始めた。

「おい、昨日のナイター中継見たか！」

「見た、見た！　最後、杉下の顔、すごかったなあ」

「おう、あんな悔しそうなピッチャーの表情、初めて見た」

静かにコーヒーを口に運びながら、後藤はひとり何度も頷いたという。二〇年の歳月を経て、その話を淡々と聞かせてくれた後藤達彦もまた、野球界の伝説を演出したひとりの人物であり、野球の魅力を日本中に伝えた〈隠れた立役者〉だ。そうやって私たちは野球の魅力に触れ、野球の深さを感じ取って育ったのだ。

第三章　野球の「信用」の失墜

野球をする人、しない人の温度差

野球指導に携わる立場になって、数年前と大きく変わったと感じることがいくつもある。なかでも最も顕著な社会的変化は、地上波テレビ中継の激減だ。

サッカーに人気の主役を奪われた？　誰に聞いても「日本では野球が人気ナンバーワン」という答えが返ってきたであろう時代が過去のものとなり、いまは野球の存在感が薄らいでいる。

うまく言葉で表現しにくいが、野球といえば大目に見てもらえた時代があった。学校でも世間でも、野球好きが多かったから、何かと優遇され、許され、好意的な眼差しで対応されることが多かった。

例えば公園で子どもとキャッチボールをしていてボールをそらしたとき、ボールが転がった先の大人がどんな表情でボールを拾い、投げ返してくれるか。ずいぶん前なら、チャンス（自分も参加したかった）とばかり、嬉《うれ》しそうに投げ返してくれる大人も多かった。それが最近は、拾ったボールを反対方向に投げ捨ててしまいそうな形相の人もいる。

野球に対する感じ方だけでなく、世間全体の空気や人間関係のありようも変わっている。そうした風潮も相まっていっそう、野球をめぐる世間の空気は冷ややかに感じる。

世間ではここ数年、耐震偽装、基礎杭《くい》の偽装、不正経理、さらには燃費データの不正などの問題が次々と露呈し、企業への不信感が高まっている。ネットの普及もあって、偽装や不正が発覚すれば大企業でさえも倒産、解体に追い込まれる時代。「根強い人気を誇る」野球も例外ではない。

野球人気の低落傾向と、野球の「信用」の失墜は関係があるような気がする。

「野球愛」、巨人ファンなら「ジャイアンツ魂」といった言葉が使われ、それが「人々と野球をつなぐ絆」だと認識されている。いまその「野球愛」「ジャイアンツ魂」の現実はどうなっているだろう。

「勝利至上主義」「儲《もう》け主義」が高校野球はもとより少年野球にまで波及し、野球が変質している現実を、痛いほど感じる。前の章で述べたような、かつて私たちが夢中になった野球と、いま野球の底流にある思いや動機は大きく違う。それをどれだけの人が感じ、改善を「急務」と感じているだろう?

野球少年、高校球児とその父母たち、野球に関わっている当事者たちは、すでに野球界の中にいて、「野球はいいよね！」という、理屈抜きの野球熱に心が支配されて気づかない場合がある。

いま自分や家族が直接野球に関わっていない、つまりいま「野球は自分と関係がなくて、どうでもいい」と冷めた目で野球を見ている人たちは、野球界と世間の常識のズレを敏感に感じている気がする。野球に対する社会の態度や眼差しが厳しくなって、以前のように温かいばかりでないのは事実だ。

小学校の校庭で朝早くから少年野球の練習をすれば、近隣から「うるさい！」と怒鳴られる。いまはたいてい「練習は午前八時半以降」といった近隣との取り決めがあって、約束の時間より一分でも早く校庭に足を踏み入れたら、激しい抗議を受けるところが少なくない。練習試合で相手の練習場（校庭）を訪ねるとき、「くれぐれも時間厳守、早く入らないでください」と釘を刺される。

たとえ相手チームでも取り決めを違《たが》えたら「二度と野球はできなくなる」という針のむしろの上でやっているのだ。その背景には、「大人の怒鳴り声を休日の朝から聞きたくない」という生活者の怒りがある。少年野球の指導者たちは案外気づいていないが、多くの指導者が汚い言葉で選手を怒鳴り、叱責する。その声は十年一日のごとく変わらない。

いま、パワハラなどのわきまえが急速に社会常識化する中で、野球指導者の罵声《ばせい》はまだ野放しに近い状態だ。野球界の中では無頓着だが、世間はこれを異様に感じ始めている。例えばこうしたズレが、野球と世間の間で大きくなっている事実にどれだけの当事者が気づいているだろう。

自治体が大きな公園に野球場建設を計画すると、「一八人しか使えない野球に広い場所を占有させるのはおかしい」と署名運動が起こり、計画が白紙になる時代だ。東京の都立井の頭恩賜公園で実際にそれがあった。

三鷹の森ジブリ美術館に隣接する場所に、日産の関連財団が運営するスポーツ施設があった。そこには緑に囲まれた打ちっ放しのゴルフ練習場、テニスコートが一〇面くらい、芝生の野球場も三面あった。東京都がその土地を購入し、井の頭公園を拡張する計画が進められた。当初は、軟式野球場二面が計画されていた。それを見て、住民たちから右に記した理由で反対運動が起こった。

「野球場でなく駐車場にすればたくさんの車が停《と》められる」

「お弁当を広げるスペースにすれば一〇〇〇人以上がその場所を有意義に共有できる」

といった理由が反対の根拠だった。

まだ最終決定される前、私はある市長にその問題を問いかけた。市長は言った。

「一八対一〇〇〇という数字を持ち出されると、我々の立場では返す言葉がないのです」

そういう数の論理でなく、野球というスポーツの素晴らしさ、青少年はもとより中高年の心身の健康増進は重要ではないかと反論したが、

「それでは弱い。民意を押し切れない」

というのが市長の回答だった。なぜなら他方で、

「野球場は迷惑施設だから、本当は潰してもらいたい」

という声も根強いとのことである。埃《ほこり》が舞う、騒音に悩まされるといった理由で、周辺住民にとって野球場は迷惑施設であり、自治体もそのように位置づけていると知って、ショックを受けた。我々が子どものころも、野球場を迷惑だと思っていた人はいただろうが、それを口にすればその人自身が社会で白眼視されたに違いない。いまは逆転している。実

際、井の頭公園では二面の予定が一面に計画変更された。野球そのものが迷惑視されている趨勢《すうせい》を受け止め、野球を愛する側も考えを改めなければいけない。

息子が小学生のころ、近所の友達と一緒に公園で野球をしていたら、隣接した家の親父《おやじ》が登場し、「危ないだろ!」とバットを取り上げ、そのバットを振り上げて自宅まで追いかけてきたことがある。そうした変わりようは、「変な人が多くなった」「自分に関係ないものには反対する人が多くなった」という世間のせいばかりではない。

「野球にオーラがなくなったから」と考える謙虚さも必要ではないだろうか。

以前なら、「プロ野球選手」「甲子園出場」といった成果ですべてが帳消しになる勢い、風潮があった。いまはその〝神通力〟さえ失われている。

「プロ野球選手になったって、どうせ酒とオンナにうつつを抜かすのだろう」

「二軍に落ちたら野球賭博《とばく》か」

と冷笑されて、返す言葉があるだろうか。

「甲子園に出るのは遠くから選手を集めている高校ばかりだものね。応援する気もなくなってきたわ」

そういった率直な感想も、少し前までは「取るに足らない一部の感想」のように一蹴されてきたが、いまはそれが大きな声として野球の社会的信用を揺るがし始めている。世間の実感は、外堀からじわじわと新たな空気を形成している。そして、野球人気の土台が危うくなっている。

巨人の選手が、日本シリーズの期間中に夜の街で愉快に遊んでいる姿が週刊誌で報じられた。プレミア12の遠征中にも同様の報道がされた。野球が、野球選手が、尊敬を失ってゆく。

「野球の信用の失墜」は深刻な状況に来ている。

ウソをついて勝つ野球に魅力は宿るか

野球人気が衰退したもうひとつの原因として、「勝利至上主義」がある。

勝てばいい。勝ったものが賞賛される。勝ち方や姿勢は問われない。結果ばかりがモノをいう野球界になってはいないだろうか。

二〇一二(平成二四)年の日本シリーズ第5戦(巨人対日本ハム)、バントの構えをした巨人打者の胸元を投球が襲った。
のけ反り、打者は後ろに倒れ込んだ。ボールは少し上に弾んで、転々とバックネットに転がった。どこに当たったのか？　その瞬間すぐわかった人はテレビの前にも多くなかっただろう。

打者は倒れ込み、頭にボールが当たったかのように両手で頭を抱え込んだ。悲痛な雰囲気。やがて上体を起こし、呆然《ぼうぜん》とひざまずく打者を主審が心配そうに覗《のぞ》き込む。ベンチから原監督も飛び出してきた。

ボールの弾み方からして、「バットに当たったのではないか？」とも見えた。あまりに痛そうにうめく打者を見て、「頭に当たった？」「バットと一緒に指を挟んだ？」などと想像をめぐらしたファンもいただろう。そのとき、事実は実況中継のＶＴＲですぐ明らかになった。当たったのは捕手のミットの先だった。打者には当たっていない。頭にも手にも当たっていない。なぜ打者があれほど痛そうにもがいたのか、理解に苦しむ。主審は「危険球」を宣言し、投手・多田野の退場と打者の一塁進塁を告げた。打者は立ち上がって一塁に歩いた……。

これは、巨人ファンにとっても、どう直視すればいいのか、大きな戸惑いを感じた瞬間ではなかっただろうか。

巨人の打者が当たってもいない死球で一塁に歩く。その衝撃は小さくなかった。迷演技などと、いくら正当化あるいは苦笑いしようとも気分は晴れない。

危険球は「当たった」ことを前提に宣言されると両リーグの内規に規定されている。この投球は当たっていない。やや高めだが、明らかにベースの上を通過している。通常の構えなら頭に当たりようのない投球にもかかわらず、打者の仕種《しぐさ》と雰囲気が「危険球」の判定を生み出した。

選手はしばしば誤審に泣かされる。だが、誤審を仕掛け、誤審を逆手にとるようになったら、野球はおしまいだ。その「おしまい」の状況が現実にプロ野球で、しかもジャイアンツで起きている。当の打者も、そして巨人の誰ひとりとしてこの誤審を自ら修正申告し、覆そうとしなかった。

巨人選手が〝万引き〟まがいのプレーをする時代……

その兆候はすでに前年の二〇一一（平成二三）年にもあった。

熱心なファンの間では有名な「落球事件」だ。

二〇一一年四月二〇日の巨人対阪神戦。2対3の7回裏2死。巨人ピンチの場面で二塁手後方にフライが上がった。巨人の二塁手が後ろ向きに打球を追い、落ち際で苦し紛れにグラブを出した。ジャッグルしたが、両手で懸命に抱え込み、なんとか抑えたようにも見えた。

テレビの実況映像では、バックネット裏から二塁手の後ろ姿を捉えていたため、身体の陰でボールは見えない。二塁塁審は二塁手を後ろから追いかけ、「捕った」と主張する二塁手の様子を見て、ためらいがちに「アウト」をコールした。

このプレーも、すぐにテレビ中継のＶＴＲで事実が明らかになった。センター方向からのカメラは、二塁手がボールを落とし、外野の芝生に弾む白球をはっきりと捉えている。ネットで検索すると、YouTubeで、阪神ファンがレフトスタンドからこの打球をカメラに収めた動画を見ることができる。この映像にも、二塁手がジャッグルしたあと、白球が一度芝生に弾んでいる様子がはっきり見て取れる。

外野スタンドにいた観衆の目にもワンバウンドが見えていた。前進して打球を追いかけた巨人の中堅手、右翼手も目の前でそれを見ている。なのに、アウトのコールを受けて、何事もなかったように三人はベンチに戻った。

ボールを落としたらセーフ。これは野球ルールの基本中の基本だ。ストライクかボールかのように、審判の判定で決するプレーではない。フライを直接捕ったら審判がアウトと言うか否かを待たずにすでにアウトだと了解される。併殺プレー、タッチアップのプレーなど、ジャッジを待たず、攻守ともにアウトと承知して次の行動を起こす。フェア・グラウンドにバウンドしたらその時点でフェアだ。

落球したのに、審判が見落としたらアウト？　それは万引きにも等しい。店員さんが気づかなければ、盗んでもセーフなのか？

いつから野球はそんな卑しいゲームになったのか。この映像を見たら、「巨人が好きだ」と言うのが恥ずかしくなる。「野球っていいよね」と、どんな顔で言えるだろうか。巨人の選手が大観衆の前で、そして全国のファンがテレビを通して注視する前で、平気でウソをつくようなもの。信用を失うのは当然だ。

このような愚行を平気で見過ごすならば、野球は人生をかける価値もなければ、子どもには「やらせない方がいいもの」になってしまう。

プレミア12の韓国戦に見る侍ジャパンの敗因

二〇一五年一一月、第一回のプレミア12が開催された。

日本は開幕戦で韓国に快勝しながら、準決勝で再び対戦した韓国に敗れ、三位に終わった。この試合後、関係者やファンからは、小久保監督の選手起用の拙さを責める声があがった。敗因は本当に、監督の采配にあったのだろうか？　VTRを見直すと、興味深い事実が明らかに見えてくる。

9回表、韓国最終回の攻撃。得点は3対0、日本のリード。7回までは先発の大谷翔平（日本ハム）に手も足も出ず、8回もリリーフに立った則本昂大《たかひろ》（楽天）に抑えられ、韓国はそこまでいいところがなかった。

ところが、このときの両軍ベンチの表情が、すでに勝負の行方を暗示している。

絶体絶命の状況に追い込まれたはずの韓国ベンチに悲壮感がない。押し黙り、硬い表情でうつむき加減なのは日本ベンチだ。

代打のオ・ジェウォンは、則本の緩い変化球を楽々と三遊間に流し打った。レフト前ヒット。

先頭バッターが塁に出た。韓国ベンチはお祭り騒ぎで、明るさに満ちあふれている。一方の日本ベンチはさらに沈んだ。先頭が出た、といっても3点の差がある。この走者が生還したところで、勝敗に影響はない。ところが、まったく違う思考、セオリーとはかけ離れた空気が球場を支配していた。

先に書いた守備と攻撃の本質をまるで理解していない現実が見て取れる。

投手はすっかり守勢に回り、自分にこそ試合の主体があることを忘れていた。

続く代打ソン・アソプが則本の足下を抜くセンター前ヒット。

1番に戻ってチョン・グンウ。則本に笑顔はない。則本に声をかける野手もいない。チョン・グンウは、三塁線を破る。1点を返して、なおも無死二、三塁。

韓国ベンチが活気づいたのは言うまでもない。だがまだ3対1。韓国は負けている。日本が勝っている。しかし、すでに勝ちチームと負けチームの表情が逆転していた。

2015年に初開催となったプレミア12の日本対韓国戦にて、日本に逆転勝ちし喜ぶ韓国ナイン　提供：共同通信社

打席には2番イ・ヨンギュ。ここまで2三振、3打数ノーヒットだが、攻撃的な雰囲気を全身に充満させて左打席に立つ。

1ボール2ストライクからの4球目。則本が投じた内角高め一五二キロのストレートがイ・ヨンギュの構える右肘に当たり、デッドボールと判定された。

「ストライクじゃないですかね、あれはちょっとないですねえ」

解説の佐々木主浩《かずひろ》が声を上げた。ところが、日本ベンチでは誰も抗議する様子がない。ベンチを飛び出した小久保監督の向かった先は、主審でなく、マウンドの則本のところだった。お祭りムードがいっそう高まる韓国ベンチ。うつむく日本ベンチ。明暗はさらにくっきりした。

この死球が、勝負を大きく左右する分岐点になったという見方は大方一致している。だがその意味、その理解は必ずしも共有されていない。

「なぜ、当たってもいない死球を誰も抗議しなかったのか?」

そこに侍ジャパンがプレミア12を制覇できなかった理由の本質があり、野球の衰退につながる深刻な〈野球の変質〉がある。

侍ジャパンはなぜ抗議しなかったのか?

VTRで見ると、投球は身体に当たっていない。仮にかすっていたとしても、解説の佐々木主浩がすぐ指摘したとおり、「完全にストライクだから、死球にはならない」はずのコースを通っている。なのに、小久保監督は死球の判定に一切抗議しなかった。日本ベンチも誰ひとり、それを促さなかった。本来なら、反射的に捕手の嶋が主審を振り返り、「当たってない!」とか「ストライクだ!」とアピールするところだ。嶋はそれをしなかった。

なぜか？

実は伏線があった。ウソをつけば天罰が下る……。いわば負のスパイラル（泥沼の連鎖）で、日本代表は自ら首を絞める結果になったのだ。

準決勝に先立つプエルトリコ戦、嶋が死球で一塁に歩く場面があった。実際には死球ではない。ボールは嶋に当たっていなかった。それでも主審のコールを受けて、「儲けもの」とばかり嶋は一塁に歩いた。日本ベンチは、ほくそ笑んでいたのだろうか。

当たってもいないボールで嶋が一塁に歩いたとき、「それはないだろう」と咎《とが》める者は日本ベンチに誰もいなかった。それが死球でなかったことは、おそらく大半の選手、首脳陣にも知らされただろう。その後ろめたさがあって、韓国戦で日本は、誰が見ても当たっていない死球に抗議できなかった……。

何という皮肉な警鐘だろう。

野球がそんな次元に成り下がっている。そのようなウソとごまかしが横行するプロ野球が、観《み》る者を魅了できるだろうか。プレミア12で三位に終わったことよりも、こうした志の低下と喪失こそが深刻な問題だ。

野球の指導者は選手に何を教えているか？

読者は二〇一四年度日本シリーズ（ソフトバンク対阪神）の幕切れを覚えているだろうか。

最後の打者となった阪神・西岡の走塁と試合後のコメントは、野球を愛するファンに失望を与えた。

日本シリーズ第5戦、9回表1死満塁、1対0でソフトバンクのリード。1点を追う阪神・西岡の打球は一塁ゴロ。打球を処理した一塁手・明石がバックホーム、三塁走者がまずフォースアウトで2死となった。捕手・細川が捕球後すぐ明石に転送、3・2・3のホームゲッツーかと思われたとき、細川の投げたボールが打者走者・西岡の身体（あとで見ると左手）に当たり、ファウル・グラウンドに転がった。万事休すかと呼吸を止めていた阪神ファンが息を吹き返し、大きな歓声を上げた。

満塁の走者が次々に生還する。そのとき、主審が冷静に「守備妨害」を宣告し、試合は

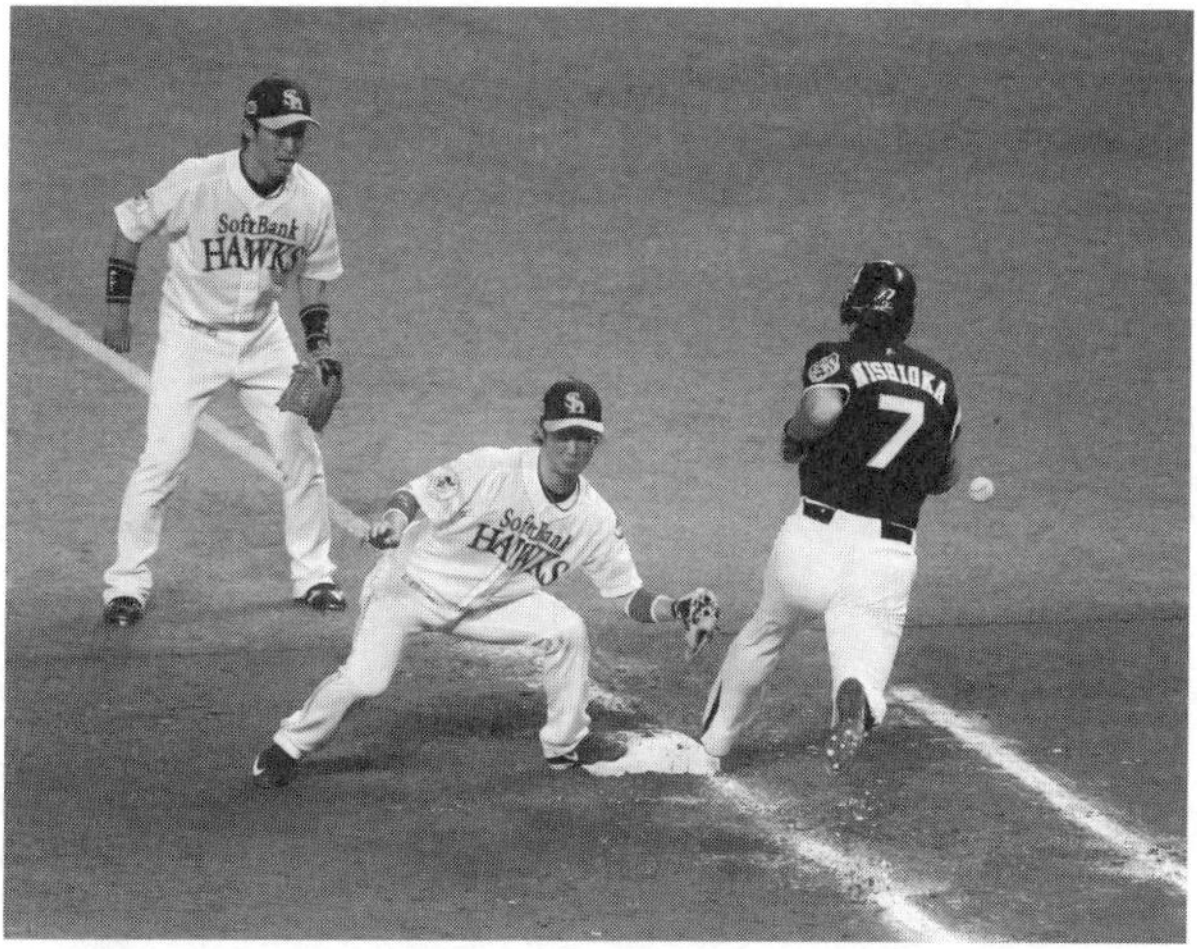

2014年度日本シリーズ（ソフトバンク対阪神）は、阪神・西岡剛の「守備妨害」にて幕を閉じた　提供：朝日新聞社

終わった。ソフトバンクの日本シリーズ優勝が決まった。なんとも後味の悪い幕切れとなった。

試合終了が宣告されても、「なぜだ！」と不満の声を上げる阪神ファンが大勢いた。答えは明らかだ。一塁線上で守備のプレーが行われているとき、打者走者はファウルラインと3フィートラインの内側（一塁に向かって二本引かれた線の間）を走らなければいけない。野球選手なら小学生でも知っている基本的なルールだ。

報道によれば、試合後、取り囲んだ記者たちに西岡はこうコメントした。

「僕は左打者だから、打った後どうしてもレフト方向に踏み出してしまう。ダイヤモンドの内側から走り始めるから、ラインの左側を走る形になってしまった」

送球に当たるよう意図してダイヤモンドの内側を走ったのではない、と自己弁護したのだ。

このコメントがそのまま新聞に載ったこと自体に驚いた。記者は西岡の言い訳を見抜けず、真に受けたのか？

右打者の多くは、一塁方向に意識を向けて振り切る。バットを振った勢いでそのまま一塁方向に踏み出していく。反対に左打者は、イチローや女子ソフトボール選手に見られるように、バットを振りながら腰を引き、一塁方向に走りながら打つようなイメージが強い。イチローが三塁線に流し打つとき、バットはレフト方向に伸ばすが腰は一塁方向に引いている光景がすぐ頭に浮かぶだろう。右打者と左打者は、どちらかの連続写真を裏焼きして重ねてもぴったりとは重ならない。「打ったあと一塁に走る」野球ルールがあるため、打者は無意識のうちに一塁に向かう習性がしみついているのだ。だから、西岡のコメントは右打者ならまだわかるが、左打者の主張としては首を傾《かし》げてしまう。なぜ咄嗟《とっさ》にそのような言い訳を思いついたのか？

野球界には、捕手がゴロを処理しているとき「ふたつのラインの間を走る」ルールのほかに、もうひとつの常識（悪しき慣習）がある。そういう場面に遭遇したら、攻撃側は監督もベンチのチームメイトも思わず、「当たれ！」と叫んでしまう。

ホームベースから一塁に転送する送球は、捕手にとっては簡単そうで難しいプレーのひとつだ。たとえ打者走者がルールを守ってふたつのラインの間を走っても、一塁手と重なって投げにくいからだ。そのため、一塁手は左足でベースを踏んで右足を内側に踏み出し、右手を大きく二塁方向に広げて「送球の狙いをつくってあげろ」と教えられる。捕手もまた、慌てて投げるのでなく、捕った位置から三塁方向にステップし、角度を確保して投げるよう指導される。それでも当ててしまうことがある。打者走者がふたつのラインの間を走っていれば、当たると捕手のエラーとなり、打者は一塁に生きる。

こうした攻防の中で、「勝つためなら何でもする」姿勢のチームが選択しがちなのが、「ファウルラインのぎりぎりを走れ」「ボールが来ると思う寸前までラインの内側（内野側）を走っておけ」といった方針だ。これくらいのプレーが常識的にできなければ、「野球を知らない選手」というレッテルを貼られ、勝つ野球の戦士には相応《ふさわ》しくないと判断する強豪チームもある。

西岡は、明らかに言い訳とわかるコメントを非難された翌日、

「当たれという気持ちはあった。ボールが当たるときに3フィートラインの中に足があればいいと思っていた」

と言い直している。

その解釈も間違っている。それは打者走者に都合のいい理解だ。当たる瞬間にというのは、ルールの意図を逆手に取った解釈だ。捕手が投げるとき、走者がルールに背く位置を走っていたらその時点で守備妨害となる。

西岡の行為と言動に対するバッシングが起こり始めた。こうした非難を受けて、阪神球団は次の趣旨のコメントをした。

「西岡選手は勝つために最善を尽くしてプレーしたのであって、球団として問題にするつもりはありません」

わかっていない……。もし社員が規則違反のごまかしをしたら、会社は社員を再教育し、

対外的に謝罪するだろう。阪神球団は西岡の走塁の善悪をきちんと理解していない上に、明らかなルール違反を肯定してしまった。野球界はこうした面においても、「変わる」姿勢に、もっと敏感になる必要がある。

西岡の走塁は、野球界全体の空気を反映している。一選手の「人間性の問題」ではない背景がある。高校時代か、もっと以前の中学、小学校時代に指導者たちから植え付けられた「間違った習慣」がその行動を促したと考えるのが自然だろう。ずっとそのように教えられ、プロになってもしみついていて、天下の日本シリーズの最後の場面で咄嗟にそう動いた。中学、高校時代から強豪と呼ばれるチームでプレーし、「野球エリート」と言われる道をたどった選手ほど、こうした傾向を持っている可能性がある。

この問題には、もうひとつ重要な意味がある。野球に取り組む姿勢の善悪にとどまらず、「命の危険につながる誤った指導」が見落とされていることだ。

周囲が「当たれ！」と叫んだとおり、西岡に送球が当たった。もし捕手の鋭い送球が打者走者の首筋、延髄あたりに直撃したらどうなるか？　硬球は危険だ。最悪の事態も想定される。「当たれ！」と叫んだ監督は、首筋にボールを受けて打者走者が昏倒《こんとう》したとき、それでも、「よっしゃー!」と手を叩《たた》いて喜ぶだろうか?

このような指導者に大切な我が子を託せるか

二〇一五年夏の甲子園は、野球の衰退が叫ばれた年にしてはかなりの盛り上がりを見せた。一方、その甲子園で、一塁走者が、併殺狙いの送球を顔に受けて昏倒した事実をご存知だろうか。

右目上を五針縫う裂傷、脳に異常はないとの診断だったが、取り返しのつかない重大なケガになる恐れは十分にあった。なぜこのような危険なケガが起きたのか? そしてメディアも大会側もこのような重大な問題に警鐘を鳴らさず、偶発的なケガだったようにやり過ごすのか?

このケガは、送球をぶつけた内野手ではなく、顔にボールを受けた走者自身に原因がある。いわば自爆行為だ。これもまた、

「身体を張って、併殺を阻止しろ」
「投げにくいよう、邪魔をしろ」

というような監督の指示に従って行動した結果の出来事だと想像される。監督の指示でないとすれば、

「勝つため、併殺を阻止するため、一塁走者はこうすべし」

と、いまの野球界が常識とする行動を選手自身がどこかで学び、実践していたのだ。

一塁走者が併殺を避けるためにする行為には歴史的な変遷がある。

古くは、ハワイから来た日系人選手・ウォーリー与那嶺《よなみね》の猛烈なスライディング。昭和四〇年代には、阪急ブレーブスのスペンサーのスライディングも有名だった。スペンサーは足の裏をわざと持ち上げ、二塁手（または遊撃手）の膝元にスパイクの歯を立てて猛烈なスライディングを試みた。「アメリカではこれが当たり前」と言われれば、それが本場野球の常識かと最初は黙認された。

やがて、危険なスライディングは禁じられた。代わって、「背中を丸めて突進しろ」と一部のチームが教える時代もあった。野手にとって、スライディングは足元が気になるだけで視界は広がって一塁方向が見やすい。むしろ滑り込まず、立ったまま勢いよく走ってこられる方が野手は怖いし、走者の身体が壁になって投げにくい。しかし、本来オーバー

ランが許されない二塁を駆け抜けるのは不自然だ。妨害の意図は明らか。衝突すれば危険だからこれも禁じられた。そして二〇一五年、甲子園で起こった事故を見ているうちに、勝ちたい指導者たちはまた新たな方法を考案し、選手たちに実行を促していたのではないかと思われてきた。

それは、「もうアウトだから、やる気ありません」といった雰囲気で、なるべく気を抜いて二塁に向かって「走るともなく走れ」という指導ではないかと推測される。

よく考えると、そういう走り方が一番、邪魔になる。野手も気を削《そ》がれる。気を抜いているから野手との衝突はなく、審判から見れば、野手をケガさせる恐れもない。目くじらを立てて守備妨害を宣告するあからさまな妨害にも見えないし、迫力もないから、反則行為とされる心配がない。

ただし、この指導には大きな落とし穴がある。

走者自身が自らを危険に晒《さら》すことだ。そしてその懸念どおり、犠牲者が出た。気を抜いているから、当たったときのケガも重大になる可能性が高い。

高校野球の監督の、走者を危険に晒してまで勝利をものにしようとする意識が背景にあるのではないか。もし、鋭い送球が至近距離から顔に当たればどうなるか、それを想像できず、横暴な指示をする。あるいは選手自ら選択する危険な行為を叱るどころか黙認する。これは、勝利のために高校生を盾にする行為だ。読者は、このような監督に大切な我が子を任せたいだろうか？

だが現実には、「甲子園に出場できるなら、名将と呼ばれる監督の元でやらせたい」と考える父母がたくさんいる。監督たちも、自分たちの指導者としての感覚の麻痺や勘違いになかなか気づかない。どんな指導方針を採っても、甲子園にさえ出場すれば、すべてが許され、免罪符となるからだ。

正直にアピールして怒鳴られた中学生

中学生の試合で、実際に目撃した出来事を紹介しよう。

1死二塁の場面で三塁にゴロが飛んだ。三塁手はやや前進してゴロを捕った。左を見ると、走者が三塁に走ってくる。三塁手は慌てて後ろに下がり、走者にタッチを試みた。塁審が「アウト！」とコールした。三塁手はかすかに右手を振り、タッチできなかったと塁

審に合図した。その瞬間、

「なに言ってんだ！」

ベンチから烈火のごとく怒鳴るコーチがいた。コーチは、うなだれる三塁手に向かってさらに叫んだ。

「審判がアウトと言ったらアウトなんだよ！　余計なことを言うんじゃない。バカじゃないのか！」

コーチの言いたいことはわかるが、それがこの時代に適切な指導だろうか。

サッカーのJリーグが誕生し、サッカー日本代表の試合が一躍注目を集めたころ、長く野球に馴染《なじ》んできたファンには、本能的に受け入れがたいサッカーの傾向があった。

そのひとつが、「ゴール前で決定的なピンチを迎えたら、相手選手のユニフォームを引っ張ってでもゴールを阻止するのが世界の常識だ」というサッカー界の慣習だった。

「審判が見ていなければファウルをしてもいい」どころか、主審の目の前で「ファウルをしてもいいからゴールを阻止しろ」というのだ。

野球とは文化が違うと感じた。ところが時を経て、日本の野球もサッカーに近づいてしまった。もっと言えば、すでにサッカーの常識は変わっている。世界的に、フェアプレーを推進するＦＩＦＡ（国際サッカー連盟）は、とくにワールドカップのたび劇的にルール自体あるいはルールの適用を変えてきた。

ボールを持った選手の後方から危険なタックルを試みる選手は厳しく罰する、手を使って相手のプレーを妨害する行為を厳しく規制する、主審にファウルの笛を吹かせるためにわざと大げさに倒れるなどするシミュレーション行為を認めない、など。こうした取り組みの変化で、サッカー界は自ら体質を変え、世界の津々浦々まで、大人から子どもまでの意識改革を進めてきた。一方で、日本の野球は逆行している。

いまも記憶に刻まれているのは、中田英寿選手のスタイルだ。中田英寿は、相手選手から厳しいチェックを受けても、なかなか倒れなかった。倒されてもすぐ起き上がり、ボールを追いかけた。当時のサッカー界には、わざと倒れる選手も大勢いた。倒されてファウルをアピールする光景は当たり前だったが、中田英寿は違った。淡々とそして熱くプレーを続けた。本来はそれが当然だ。主審が笛を吹くまではインプレー。選手が勝手に足を止め、抗議している場合ではない。アピールする暇があったら、プレーを続けてゴールを狙う。それこそがプレーヤーの基本だ。審判が笛を吹かない限り、プレーは続く。

いまも世界のスーパースターと言われる選手たち、例えばメッシ、ネイマールらは、なかなか倒れない。倒されてもすぐ起き上がり、ボールを追いかける。それが名選手の当然の姿勢なのだ。

審判には「選手を育てる」責任がある

アメリカの野球界を「すべてが素晴らしい」と絶賛するつもりはない。先に挙げた危険な走塁などは、しばしば問題になる。二〇一五年にも、併殺を阻止しようと激しくスライディングした一塁走者の餌食《えじき》になって、せっかくメジャーで活躍し始めた韓国人選手が大きなケガを負い、戦列を離れる出来事があった。その一塁走者は、ベースとは明らかに違う方向に滑って、足を搦め捕った。悪質なプレーが重大なケガを引き起こした。

一方で、やはりアメリカ野球には学ぶべき基本姿勢もある。

三年前のリトルシニア指導者講習会で、メジャーリーグ傘下で審判を務めた経験のある平林岳《たけし》審判の講演を聞いた。このときも、印象的な話があった。まず話の枕にこう言った。

「ストライクという言葉は『打て』という意味です。アメリカの野球では、ストライクは『打て！』であって、『待て』という発想はありません」

これは以前からしばしば聞く「常識の違い」だ。

日本では、「ストライクはふたつ見送る権利がある」と解釈されている。だから、「2ストライクまでは待て」という作戦が普通に存在する。アメリカは違うという。ストライクはあくまでも「打て！」なのだ。「二度までは失敗が許される」という意味で打者に2ストライクの余裕が与えられている。元々のルール制定の意図に従って、アメリカはいまもプレーしている。

平林審判の話でさらに印象的だったのは、次の体験談だ。

「メジャーリーグでは、ストライク・ゾーンがルール・ブックの規定より外にボール一個分広いと言われています。内角は一個分狭い。日本の野球に馴染んでいる私には、これがどうも苦手でした。ある試合で球審を務めたとき、外に一個外れたボールを私は『ボール』と判定しました。アメリカでは『ストライク』とコールすべきコースです。すると、ベンチからコーチが飛び出してきました」

この話が「印象的」なのは、飛び出してきたのが守備側でなく、「攻撃側の打撃コーチだった」からだ。

「守備側の監督が『ストライクだろう！』と文句を言うならわかります。違うのです。攻撃側の打撃コーチが、『頼む、そこをストライクに取ってくれないと、うちの若いバッターたちが手を出さなくなる』と言うのです」

マイナーリーグのコーチは、勝負の有利不利のため抗議に飛び出したのでなく、選手の将来のため、主審に要請したのだ。選手を育てるためにだ。

勝利は当然求めながらも、「少年や若者を育てること」が野球の本質だという姿勢がいまもアメリカで生きているように感じた。

一方、日本はルールを逆手に取って、勝つための戦略を駆使している。この姿勢を間違いだと断定すれば、日本の指導者たちから「何が悪い？」と非難を浴びるだろう。日本野球で名将と呼ばれる一部の監督たちの戦略は、ルールの裏口から野球を解釈し、正当化する姿勢を土台にしている。

野球のルールは複雑だ。日本人の多くは、幼いころから自然に野球と接し、日本語を喋るように野球のルールを理解してきた。

二〇一五年にはラグビー・ワールドカップで日本代表が大健闘し、一躍ラグビーへの注目度が高まった。このとき、「ルールがよくわからないけれど、ラグビーって面白い」という声をずいぶん聞いた。私もプレーの経験がないから、細かな解釈などは実感としてわからないが、見て楽しむために覚えるべきラグビー・ルールはそれほど多くない。野球の方が数倍、多くて複雑だ。それなのに、みんなよく知っている。

「待て」のサインは、選手にブレーキをかける

私自身、リトルシニアの監督になって実感したことがある。数あるサインの中で、いざ試合が始まると一番多用したくなるのは「待て」のサインだ。

相手投手がリズムを崩しているとき、黙って打席に立っていれば四球がもらえるだろうと感じる。監督は「待て」のサインを出す。走者を一塁に置いて、打者のカウントがノースリーになった。慌てて打つ必要はないから「待て」のサインだ。一球ストライクでワン

スリーになった。それでももう一球「待て」のサイン！　といった具合だ。

そのうち、はたと気がついた。どうして監督は打者たちの打つ自由を奪いたがるのか？　勝利する確率は高められても、監督が四球でチャンスを広げてこせこせ勝つ野球を目指すことで、どれほど子どもたちの可能性を伸ばせるのか？　勝てば確かに楽しいが、それで野球の深みは体感できるのか。

ある日、はっきりと気がついた。

「待て」のサインは、選手の心に水を差すブレーキだ。

打席に立ち、投手との一対一の勝負に臨んでいる打者の背中を後ろから引っ張るような「待て」のサインは、打者の気を削ぐ最悪の行為だ。一度ブレーキをかけ、気合に水をかけておきながら、「次のボールは打て！」と言っても遅い。それに気づいて、私は「待て」のサインをなくした。監督が打者にブレーキをかけるなど、愚の骨頂だと感じたからだ。

「待て」の指示をブレーキだと認識している監督は日本にどれくらいいるだろう。これを議論したら、それでも「待て」のサインがいかに有効で重要か、延々と持論を展開してくださる監督たちがたくさんおられる気がする。

日本の指導者たちは（親も同様？）、「子どもたちを伸ばす」と言いながら、ブレーキをかける言動、行動が多い。チャンスで打席に向かう打者を呼び止め、助言を与える監督の行為も同じだ。いくら的確なアドバイスでも、その行為自体がブレーキに等しい。家を出ようとするとき、決まって後ろから何かを言う母親がいる。

「ちょっと待って、襟が曲がっているわよ」

「遅くなるなら電話してよ」

など。それが母親の愛情であること、正しい助言であることも理解できるが、子どもにすれば、うんざりする場合が多い。「わかってるよ」と、ぶっきらぼうに答えたくなる気持ちはわかるだろう。せっかくのやる気に水を差されて、うなだれる気持ちを私自身、幾度となく経験している。その落胆から回復するために余計なエネルギーを使うことほど、空《むな》しいエネルギーの浪費はない。

日本社会の縮図

物事には、二面性がある。

美しさの一方に醜さがあり、理想と背中合わせに現実がある。

「人生そのもの」と形容される野球だからこそ、人生や社会と同じく綺麗《きれい》なばかりではない。汚い野球もあれば、ずるい野球もある。爽やかな試合があれば、後味の悪い試合もある。それも野球の一断面と言えるだろう。

勝つことばかりを重視して、もっと素晴らしい野球の魅力を忘れかけている傾向は、いまの日本野球を覆い尽くす悪弊だ。素晴らしいはずの野球を、なぜ偏狭な発想が支配してしまうのか？

野球がそうだという以前に、日本社会がそうだとも言えるかもしれない。

何事も成果主義に走り、勝てば官軍、儲かればいい。富と権力を得た者が、社会を我もの顔で支配する。野球が日本社会の趨勢を反映しているとすれば、日本の社会の変質もまたそこに浮かび上がって見えて悲哀を感じる。野球も日本も、このままの流れでは安心して子どもを残していけない。

第四章　野球の喜びと深み

イチローにはボールが遅く見えている？

イチローがオリックスの一軍で活躍し、安打を量産し始めたとき、日本中に〈振り子打法〉があふれた。小学生も中学生も高校生も、プロ野球選手でさえも振り子打法を真似《まね》した。それなりに打率を上げた選手はいたが、振り子打法でイチローを超える選手は現れていない。

当のイチローは振り子を小さくし、いまやイチローのバッティングを振り子打法と呼ぶ人さえほとんどいなくなった。

あのころは誰もが、「振り子打法だから打ちやすい」「振り子打法だからイチローはあんなにヒットを量産できるのだ」と思い込んでいた。

数年経って出た答えは「そうではなかった」ということだ。

メジャーリーグで活躍を続けるイチローは、振り子の幅を狭め、むしろ振り子が外から見えない感じになっていっそう安定感を増した。

では一体、イチローはなぜ打てるのだろう？

「天才だから」「ウォームアップに誰より時間をかけるから」「ルーティーンを守って崩さないから」「毎朝カレーを食べるから」、諸説あるが、そのどれもが、打撃技術の核心を表現するものではない。

ひとつの仮説を立ててみよう。

イチローが打てるのは、「イチローにはボールが遅く見えているからではないか?」。

時速一五〇キロを超える速球は、プロ野球やメジャーリーグの打者にとっても手強い、速くて手に負えない球だ。真っ直《まっす》ぐだけならまだしも、縦横に小さく変化する球が混じり、スピードの緩急をつけられたら、どぎまぎせずに余裕綽々《しやくしやく》で迎え撃つのは難しい。ところがイチローは、涼しい顔で打席に立ち、一五〇キロ、一六〇キロとは思えない感覚でクリーンヒットする。

外角球を、テニスのバックハンド・ストロークのようにゆったり三塁線に打ち返す技術は、イチローのイメージを代表するひとつの光景だ。計ったように野手のいない場所に落とす。

あの光景を思い浮かべてほしい。

投手が投げ込んでくるのは、一五〇キロ前後のストレートだ。

速い、ビュッと来る。

ところが、イチローは、まるでスローモーションのような動作でこの速いボールをやわらかく打ち返す。

もしイチローの目にも、投球がビュッと速く見えていたら、あのように余裕を持った、ゆったりした動きができるだろうか？

読者も自分のバッティングでもテニスでも、似たような場面を想像してみてほしい。ゆっくり来るボールなら、ゆったりと対応できるだろう。しかし、「速い！」と舌を巻く速球が相手だとそれは難しい。球が速いと感じたら、力んだ動き、詰まった動きになりがちだ。

つまり、「イチローにはボールがゆっくり見えている」と考えた方が理解しやすいのだ。ゆっくりという表現が妥当でなければ、まるでコマ送りのように、イチローはボールを迎えている。ボールを遅く見ているから、自分もゆったりコマ送りのような動作で打ち返せる……。

イチローが意図してその能力や技術を高めてきたのか、自然と身につけたのか、またイチロー自身が「ボールを遅く見る」ことをどれだけ意識しているかはわからない。だが、ほかの選手より、イチローの目にはボールが遅く見えていると考えるとすべての謎が解けていく。

程度の差こそあれ、これは誰の中にも起こっていることだ。

キャッチボールを思い起こすと、より理解しやすいだろう。捕球に自信のない人にとっては、小学生の投手の球だって速く見える。怖くて、腰が引ける。ところが、野球経験があり、捕球力を自然に身につけた人なら、余裕でキャッチできる。ボールが見えている。安全に捕球できることが見えているから、動じないのだ。

ボールが遅く見えている人の打撃を見ていると、見ている人にもボールが遅く見えてくる。ボールが速く見えている人の打撃を見ると、見る人にもボールは速く見える。

野球は心の中まで浮き彫りにする

どのスポーツもそうであるように、野球もまた心理ゲームだと言われる。

微妙な心の綾が一投一打に影響し、勝負を左右する。それだけに、「外からは見えない」選手たちの心理状態をその行動から察することは、戦いの当事者である選手・監督にとっても重要であり、観戦する野球ファンの楽しみのひとつでもある。

二〇〇一（平成一三）年夏の甲子園で注目を集めた寺原隼人《はやと》投手（日南学園高等学校卒）は、甲子園で時速一五三キロの速球を投げ、鳴り物入りでダイエー（現・ソフトバンク）ホークスに入団。春の高知キャンプに大勢のファンが押しかけ、過去最高の人出を記録したほど注目を浴びた。その寺原のデビュー戦は、東京ドームの日本ハム戦だった。

三塁ベンチを出て、デビューのマウンドに向かう寺原を見て、私は驚いた。

本塁と三塁を結ぶ白線を平気で踏みつけて行ったからだ。

（強心臓というか、不遜な若者だ）

そう思った。野球選手なら、ことに投手は、白線を踏まないのはごく当然のマナーであり心得だ。丁寧にまたぐのが普通である。それを寺原は完全に無視して、踏みつけた。世代が違うというか、些細《ささい》なことに動じないというのか。自分たちの世代のこだわりを大事に思いながら、一方でそんなわきまえは通用しない時代になっていく寂しさも感じた。

ところが、3回か4回のマウンドに小走りで向かう寺原の変化にもう一度ビックリさせられた。白線の手前で、寺原が大慌てで歩幅を合わせ、白線を踏まないようスキップして飛び越えたのだ。

（えっ？）

若い寺原も白線を踏まないわきまえは持っていたのだ。それなのに、初回は踏みつけていた。つまりそれは、平気で踏んだのでなく、白線を意識する余裕がないほど、緊張していた証だったのだ。1回、2回と、なんとかプロの打者を相手に3アウトを重ねて、少し平常心を取り戻し、急に目の前に現れた白線に気がついた……。

そんな寺原の変化に気づいた人が、東京ドームに何人いたかはわからない。私は大勢の観衆と同じものを見ながら、もしかしたらほとんどの人が気づいていない寺原の心の内を垣間《かいまみ》見た気がして、ひとりクスリと笑った。野球はそんな風に、本当は見えないはずの心の中までを浮き彫りにして、見せてくれる。それがまた野球の深さであり、楽しさだ。

先が見える楽しみ

いま私は中学生たちと一緒に野球をしている。

東京武蔵野シニアという中学硬式野球チームの監督だ。

打席に立つ姿を見て、その打者が打つかどうか、かなり判断できるようになってきた。いい姿勢で立っている。いい間合いで投手を捉えている。そのまま自然体でボールを捉えたら、間違いなく快音が響く。

野球ファンの大半は、打者が打って、打球が外野の間を抜けた時点で、「ナイス・バッティング！」と叫ぶ。

それでは遅い、それではつまらない、と感じている。

ベンチで思わず、「よっしゃ！」とか、「ナイス・バッティング！」と声を上げてしまうのは、その打者が投球を弾き返す少し前の瞬間だ。いい姿勢で立ち、投手の間合いを捉え、投球に対して自然に動作を起こせたら、次の瞬間に起こる光景は自然と目に浮かぶ。次の瞬間、瞼に浮かんだとおりの快打が糸を引いて飛ぶ、その快感。ちょっと、身体の奥が震えることもある。

打つ前にわかるから面白い。そこが見えてくると野球はもっと楽しくなる。

プロ野球で長距離砲と呼ばれる選手たちは、打つ前にそういう雰囲気を醸し出すことが多い。

中田翔（日本ハム）や山田哲人《てつと》（ヤクルト）、今季で言えば筒香嘉智《つつごうよしとも》（横浜ＤｅＮＡ）などはその典型だ。ホームランを打つ前から、打ちそうだと感じさせる。調子が悪いときは逆だ。打てそうもない感じがはっきりわかる。

〝おかわり君〟こと中村剛也《たけや》（西武ライオンズ）も同様だ。好調時は、完全に投手をのみ込んで、いいボールを投げさせる雰囲気ができている。投手は魅入られたように絶好球を投げてしまう。投手が知らずしらず打者にのまれてしまって、好球を投げさせられてしまうのだ。

野球を見るとき、投手の球が速いか遅いかを見るだけでなく、投手と打者の関係で見るのは面白い。イチローのように、打者がボールを遅く見ているか、速く見ているかを見るのもひとつ。投手と打者の間合いで見るのもひとつ。見えるか見えないかで言えば、「見えない」と言われる次元かもしれないが、「見える人には見える」「見えてくると面白い」。

打つ前に、「打つ！」と、打者本人も、見る方も、そして打たれる方もわかるあの快感と衝撃こそが、野球人をゾクゾクさせる喜びとつながっている気がする。わびさびにも通じる、理屈を超えた恍惚《こうこつ》を共有させてくれるのもまた野球の深みであり、野球が日本人の心を捉えた要因だろう。

なぜ「野球が好き」になったのか、なぜ野球を続けるのか

「打つ前にわかる」という感覚は、実は野球の核心にも通じる、すごく大切な観点だと感じている。

いまの大人たちは、子どもが野球に熱中する理由を、「甲子園に出たいから」「プロ野球選手になりたいから」だと決めつけているように思う。

私自身、小学生だった息子と公園でキャッチボールしていると、見知らぬおじさんたちまで、

「お、将来は甲子園だな」「プロ野球、入れよ」

などと声をかけてくれた。中には、「五億円、稼げるぞ」などと、かなり直接的な表現でプロ野球やメジャーリーグへの夢をけしかけてくる人もいた。それは大人の世界の普通の会話だと思うが、そのたび素朴な疑問を胸の中でふくらませた。

そう語りかける大人たちが子どもだったころ、野球少年たちはなぜ、野球に夢中になったのか？　将来、甲子園に出たくて、プロ野球に入って大金を稼ぎたくて、三角ベースに熱中したのだろうか？

中にはそういう子どももいただろうが、大半の子どもは、野球そのものに魅せられ、夢中になっていたのだと思う。

では一体、野球の何が、それほどまで子どもたち、大人たちの血を沸かせたのか。

単純に、打つことは楽しい。自分の打った球が遥か遠くまで飛んでいく快感は理屈抜きだ。投手なら、思いどおりに投球し、打者のバットが空を切る喜びもまた理屈抜きだ。

そしてだんだん、「先にわかる快感」にも目覚めていく。

守っていて、

（ここに飛んできそうだ）

と感じる。例えば三塁あたりを守っていて左方向に気持ちを動かした瞬間、打球が予想どおり転がってきたら、なんとも言えない充実感で身体が火照ってくる。ただ打球を処理した喜びではなく、先にわかって動けた興奮は、自分だけの喜びかもしれないが、深さのある喜びだ。そして、同じ快感に目覚めている仲間はちゃんとその喜びを理解し、共有してくれる。そこにチームゲームの喜びもある。

ボールと戯れる野球少年たちの、こうした「予感」と「的中」の繰り返し、その快感を共有する喜びこそが、野球という遊びが日本人の心を捉えた原点ではなかったかと私は思いを馳《は》せる。

先の章でも書いたとおり、日本に野球が紹介されたばかりの一八七〇年代、野球遊びはあっという間に全国に広がったという。まだ「野球」という訳語がなかった時代、人々は野球を〈打球鬼ごっこ〉と呼んで熱中した。甲子園もプロ野球もない。野球でお金をもらえるなど思いもよらない。それでも日本人は野球を好きになった。野球に心を震わす魅力があったからだ。

いまの野球界は、目に見えるもの、数字に表しやすいもの、つまり、形やフォーム、球速や秒数、ホームランの数などの記録に目を奪われ、大事な核心を見失っている。「予感」より「結果」が大事にされる。結果からのフィードバックが重視される。

野球をフィードバックのスポーツにするか、常に未来を予感し、未来に向けてプレーする〈フィードフォワード〉のゲームと捉えるかで、戦略も取り組む姿勢も一八〇度、変わる。これは日常生活の姿勢や世間の価値観にも通じる。

いまの日本は、「過去にそうなったから」と過去の成功例を真似ようとする風潮が主流だ。つまり、フィードバックの発想である。

しかし、常に変化し続ける時代の中で、過去の成功パターンが必ずしも新たな課題の成功を約束するとは限らない。常に未来に向けて、新たな成功法を導き出すのがより確かな姿勢だと、考えればすぐ理解できるはずだ。過去の成功例にすがるのは、安心したいがための慰めに近い行為で、覚悟のある挑戦とは違う。

未来を築く確信は、過去にも現在にも存在しない。未来の答えは、現在から未来の流れの中にしかない。ところが、多くの人はどうしても、過去に答えを求め、安心しようとする。分野によって、それなりの成果なら、その方法でも得ることができる。だからいまも世間でフィードバックは一定の評価を得、重宝されている。

読者は、野球、そして人生にどちらの姿勢で向き合うのだろう。

多くの野球チームはいまもフィードバックでチーム作りをし、試合もそれで戦っている。データが重要視されるのはその象徴的な例のひとつだ。

だが、野球の本質を見つめ直せば、どちらが勝利の近道か、それ以上に、どちらがよりスリリングでワクワクドキドキする野球を楽しめるか、答えは明らかだ。

「勝ちたい」を優先すれば、フィードバックを重視しがちになる。

「より感性を触発したい、新しい境地に出会いたい」と求めれば、フィードフォワードしか選ぶ道はない。

本来野球は、未来との出会いの連続だからこそ、老若男女を問わず、多くの人々の心を知らずしらずかきたてたのではなかっただろうか。

小指を外すか、小指をグリップにしっかり収めるか

イチローが活躍し始めてから、日本中で流行《はや》り始めたもうひとつのムーブメントがある。

両手でバットを握るとき、左打者なら右の小指を、右打者は左の小指をグリップエンドから外すバットの握り方が流行ったのだ。

小指を外してスイングするイチローのバットの動きはいかにもしなやかで、自由自在にバットを操っているように見える。イチロー自身が語ったのか、解説者が言ったのか定かでないが、「小指を外すとバット・コントロールがしやすい」という考えが日本中に広まった。振り子打法は影をひそめたが、小指を外す傾向はいまも続いている。

果たして、〈真実〉はどうなのか？

イチローがそう握っていまもヒットを量産しているため、小学生が真似をして小指をグリップから外して握っても、監督・コーチは「小指もグリップの中に収めて、しっかり握りなさい」と指導はしない。むしろ、「よし、お前もイチローみたいになれよ」と、歓迎する指導者の方が多いかもしれない。高校野球でもそのような選手が目立つということは、高校野球の監督たちもその握りを容認しているからだろう。

それは本当に正しいのか？

こうした技術論は曖昧なのが、いまの野球界だ。

松井秀喜も、巨人で活躍していた終盤は、右の小指をグリップエンドから外してバットを握っていた。松井秀喜もその方がバットを振りやすいと感じたのだろうか。

ちょうどその時期のある日、武術家であり私の人生の師である宇城《うしろ》憲治先生（現・宇城塾総本部道場　創心館館長）と一緒にテレビのプロ野球中継を見る機会があった。宇城先生は、世界の熱心な武術家たちが流派を越えて敬愛・師事する武術家で、イリジウム衛星携帯電話の開発責任者などもされた経営者・技術開発者でもある。創心館空手道範士八段、全日本剣道連盟居合道教士七段。侍ジャパンの小久保裕紀監督、サッカー日本代表の岡田武史元監督、広島カープの緒方孝市監督、オリックスの田口壮《そう》二軍監督らも宇城先生に学んでいる。

その宇城先生が、打席に立つ松井秀喜を見て言われた。

「松井は、メジャーリーグに行ってもこのグリップだと厳しいなあ」

どういう意味か、すぐにはわからなかった。理由を尋ねると、こう言われた。

「小指は握りでいちばん大切なところ。小指をグリップから外すのは正道じゃない。イチロー選手はヒットを打つタイプだからいい。小技だからね。剣の世界でも、小指を外す者がいた。それはあくまで小技を得意とする剣士であって、正道を目指す剣士で小指を外す者はいなかった。松井がメジャーでもホームランを打つためには、小指をきちんとグリップの中に収めないと厳しいのは目に見えている」

生死のかかる真剣勝負から生まれた武術の体系、武術の真理は、「三割でもＯＫ」の野球の論理と次元が違う。一度でも負けたら死ぬ、遊びは許されない。そこから生まれた教えは真理に通じ、理屈抜きの本質がある。

私はなんとか松井にそれを伝える方法はないかと考えながら果たせず、不安を抱えて松井秀喜のメジャーリーグ開幕戦をテレビで見つめた。

不思議なことに、松井秀喜は小指をグリップの中に収めていた。

松井自身が感覚的にそうしたのか、誰かが助言したのかはわからない。松井は開幕戦の初打席でタイムリーヒットを放ち、ヤンキースタジアムでの開幕試合では満塁ホームランを打つなど順調に滑り出し、メジャーリーグ一〇年間で通算１７５本のホームランを打った。

「ボールは必ずここに来ます」と長嶋茂雄は言った

スポーツ誌『Ｎｕｍｂｅｒ』通巻３３３号（一九九四年二月一七日号）の表紙撮影のため、長嶋茂雄監督（当時）と六本木のスタジオでご一緒した。

「３」にちなんで、長嶋監督に〈背番号３〉のユニフォームを着ていただき、写真を撮る趣向だった。後に広島から江藤智《あきら》がＦＡ入団して長嶋監督が３を着ることになる前だから、それは画期的な企画だった。

編集部のスタッフは、野球体育博物館（現・野球殿堂博物館）から、現役時代に着ておられた本物のユニフォームを借りてきていた。まずはこれに袖を通してもらったら、長嶋監督の両腕が凧《たこ》のように上に吊《つ》られて、妙な格好になった。小さくて、入らなかったのだ。

「やはり太られたのでしょうか」

スタッフがつい口にすると、長嶋監督は猛然と反論した。

「いいえ、サイズは現役時代と変わっていません。七九キロ、ずっと体重も同じです。繊維はね、縮むんですね。ユニフォームの方が、小さくなりましたね」

縮んだユニフォームを両肩に羽織り、凧のように窮屈に両腕を広げ、編集者にぐいぐい迫りながら、目をむいて長嶋監督が言った。

その姿がおかしくて、つい微笑《わら》ってしまった。幸い、新しい背番号3のユニフォームも用意されていた。それを着てもらって、撮影の準備に入った。

カメラマンがスタジオにあらかじめボールを吊《つる》し、打者・長嶋が立つ位置を決め、カメラをセットしていた。その場所でバットを握って立ち、ボールを捉える感じでスウィングを止めてもらえば、狙い通りのカメラ・アングルで格好いい写真が撮れる目論《もくろ》みだった。

まずはリハーサル。バットを握り、トップの姿勢からスッとバットを振り下ろして、打者・長嶋は首を傾げた。

「あー、これ、ボールはここじゃありませんね」

あたりを見回し、スタッフを呼んだ。

「え?」

カメラマンが怪訝《けげん》な顔で長嶋を見た。

「ボールはこの辺ですね」

もう一度、長嶋がバットを振り下ろし、ボールを捉えるインパクトの位置でバットを止めた。

カメラマンが苦笑しながら言った。

「ボールは、どこに来るかわかりませんよね」

「いいえ、ボールは必ずここに来ます」

そう言って、長嶋はボールの位置を指定した。

私もつい笑いをこぼしてしまった。

(本当に、長嶋さんの頭の回路は常人にはわからない。ボールはどこに来るかわからないじゃないか)

スタジオにいた誰もがそう思ったに違いない。

しかし、打者・長嶋だけが真顔だった。

カメラマンはその迫力に圧《お》され、アシスタントとともに上から吊したボールの位置を修正した。カメラの位置も動かした。

数年後、武術と出会い、心技体の基本を学ぶようになって、打者・長嶋の発した言葉は意味不明な長嶋語ではなく、打撃の真理に通じる言葉だったのではないかと、私も真顔で理解できるようになった。

ボールは必ずここに来る。

ボールは必ずここで打つ。

だから、安定して打つことができる。もしボールがどこに来るかわからなければ、とても自信を持って打席に立てないだろう。打てるかどうか、不安でたまらない。

先に投手を制することで投手を無力化し、投手が無意識に打者の投げてほしいところに投げてしまうような場合が実際にある。

「魅入られたように」という表現があるが、抑えるつもりで投げたのに、投手の意に反して棒球がど真ん中に行ってしまう……。それは、打者と投手の間合い、打者が投手を先に制したことによる。そのような勝負が、投げる・打つの前に起こっている。これは武術的な感性だが、かつての日本人はそのような感覚を自然に持っていた。優秀な投手、打者の中には、いまもその片鱗《へんりん》を持って勝負を制している選手がいるのだと思う。

投手との間合いを制して、そこにボールを投げさせる。

大打者と呼ばれる選手は、来たボールに対応するのでなく、先に投手の気を捉え、自分の間合いでボールを呼び込んでいる。

野球は「時間を超える」から面白い

アインシュタインは、相対性理論の中で、

「時間は伸び縮みする」

と論じている。

そんなバカな、と思うかもしれない。たいていの人は、時間は一定で、その長さは絶対不変だと常識的に思い込んでいる。

いきなりアインシュタインの名前が出てきて、戸惑った読者もいるだろう。野球と相対性理論にどんな関係があるのかと。私自身もそうだったが、理数系の苦手な野球選手は少なくない。もっと言えば、野球は好きだが、勉強は苦手という選手も多い。文武両道と看板を掲げながら、「できれば野球だけして、勉強はしたくない」が多くの選手の本音だ。監督や親たちにも、「野球で進学できるなら、本当にプロ野球に入れる実力があるなら、勉強はほどほどでいい」といった感覚があるだろう。

これも本当は、野球を誤解している。

野球と勉強を別のものと考えているのだ。

本質を見きわめていくと、実際には、野球と勉強は通じている。野球に限らない。何事も、すべての基本や極意は通じている。だから、一芸に秀でた人は、ほかの分野でも抜きんでた成果を収める場合が少なくない。

アインシュタインが言う「時間は伸び縮みする」という言葉を、日常生活に照らせば誰もが理屈抜きに理解できるはずだ。授業時間が過ぎるのは遅い。五〇分授業が途方もなく長く感じられる。ところが、楽しい時間はアッと言う間に過ぎる。野球の試合はもちろん、好きな人と過ごす時間、面白い映画を見ている時間は短く感じる。

同じ野球でも、延々と「外野のポールとポールの間を走り続けろ！」と言われて、いつ終わるともわからないダッシュを繰り返す時間と、試合形式のバッティング練習で何度も打席に入り、打撃を繰り返す時間とは進み方が違う。

いくら足が速くても、あの打球に追いつくのは無理だろう、と思った打球を間一髪、グラブに収めてしまう外野手がいる。まるで最初から「捕れる」ことがわかっていたかのように。これぞ、フィードフォワード。

バックホームのレーザービームもそうだ。

(生還間違いなし!)

誰もが思った次の瞬間、矢のような送球が捕手のミットに突き刺さり、悠々セーフと思われた走者が本塁寸前で憤死する。

(あのタイミングでアウトにするとは、信じられない送球だ)

そんな驚きや興奮がしばしば起こる。そして野球に魅了される。

それは、好プレーを演じた選手が、時間を超える技を無意識に駆使したからだ。

アウトかセーフかの競争をしたのでなく、先に「刺せる」という確信がある。その瞬間、勝負は決している。

ストップウォッチで計っても、そのからくりは解明できない。いや時間の概念で考えれば考えるほど、その次元は理解できない。

時間と空間、そこに生きる人の間には、そのような現実があることを現代の人間は忘れている。でも、確かにそのような感覚が存在する。そして、その境地が野球のプレーひとつひとつと通じている。そこに、科学や理屈を超えた興奮があり、発見がある。それを私たちが忘れた瞬間から、「勝った・負けた」の勝利至上主義に価値観が集約されてしまう落とし穴がある。

野球の名選手たちは、武術の達人のようにいつでも再現できるほど確信的にその境地を体得しているとまでは言えない。だが時に、知らずして体現することがある。そういう次元のプレーが見る者を魅了する。時間を超える恍惚と快感。だから野球は面白い。プレーする選手を、そして見る人をも魅了する。

シンデレラの魔法を解くため、強行策で攻める

二〇一五年夏の甲子園は、「高校野球一〇〇年」の看板の下、例年以上の盛り上がりを見せた。早稲田実業・清宮幸太郎、関東一高・オコエ瑠偉《るい》といったスター選手が出現し、彼らのチームが勝ち上がったためいっそう熱が増した。

準決勝は、早実対仙台育英、関東一対東海大相模の対戦になった。

仙台育英、東海大相模は大会前から優勝候補に挙げられ、総合力が高いと評価されているチーム。早実、関東一はいずれも甲子園の常連だが、そこまでの快進撃をほとんどの関係者もファンも想像しなかったチームだ。

準決勝の朝、あるラジオ番組に出演し、試合の見どころを訊かれて私はこう話した。

「シンデレラの魔法が解けるかどうか。仙台育英の佐々木（順一朗）監督は、早実がまっているシンデレラの魔法にかからない方法で試合を進めようとするでしょう。魔法さえ解けてしまえば、一気に試合は仙台育英のペースになります」

2回、仙台育英にチャンスが訪れた。先頭打者が出塁したのだ。無死走者一塁。この場面でどんな攻撃を見せるかが勝負の行方を左右すると感じた。

佐々木監督は動かなかった。打者はヒッティングを選択し、凡打に終わった。その回、通常の野球セオリーから見れば、

「せっかくノーアウトでランナーを出しましたが生かせませんでした」

とアナウンサーが叫ぶところだろう。

だが、まったく違う見方もできる。

「シンデレラの魔法にかかろうとせず、魔法と無縁の地平で試合を進めました」と。無死一塁から送りバントをすれば、それは「1点を狙う」意図になる。接戦を想定し、接戦を覚悟するからこそ、先に1点でも取りたい……。

それこそが、自ら魔法にかかっていくプロセスだ。

仙台育英の佐々木監督は、早実に、自分たちと接戦する力はない、と見切っていたはずだ。清宮効果、甲子園の魔力で早実は接戦をもモノにして勝ち上がってきた。それを「力をつけた」と見るか、「相手が魔法にはまった」と見るか。

早実の先発投手には、仙台育英打線を9回まで沈黙させる力はない。

果たして、2回こそ無得点に終わったが、続く3回、仙台育英のエース・佐藤世那《せな》の二塁打をきっかけに連打を重ね、仙台育英は3点を奪った。

シンデレラの魔法が解けた瞬間に思えた。

さらに4回、仙台育英は4点を奪って7対0と一方的にリードを広げた。地方大会では大差を逆転した試合もあった。だが、その試合で「奇跡の逆転劇」を期待するのはもはや難しいと思われた。すでに魔法が解けて、その力は早実には残されていなかったからだ。

野球を戦術論や采配だけで語るのは一断面にすぎない。佐々木監督は、野球というゲームを支配する目に見えない力学、実力を超えて選手やチームに与えられる不思議な力をも視野に入れていた。全体像をあらかじめつかんで、罠《わな》に落ちる愚を周到に避け、自分たちのチームの力を信じて、底力に火を点《つ》けた。選手ももちろんそれを理解し、シンデレラ城の中に誘い込まれるのでなく、自分たちの土俵に早実を引きずり出し、魔力の助けを消して勝った。そんな風に感じると、野球はさらに深く、楽しくなってくる。

第五章　野球再生に必要なもの

〈相対〉と〈絶対〉の世界

ルールで規定された野球の目的を要約すれば、「相手チームより1点でも多く得点し、勝者として規定回数（9イニング）の試合を終えること」である。

このルールが厳然とあるために、応援する人々は手に汗握り、ことに接戦となった終盤の攻防には我を忘れる。

高校野球の甲子園を目指す決勝戦のような舞台ではいっそうそのドラマ性が増し、感情は激しく揺さぶられる。

野球は〈相対の世界〉に成り立つ競技である。野球に限らず、現代の競技スポーツの大半が相対の世界で行われている。相対とは、誰かと比べることで自分を確かめる姿勢と言い換えてもいい。もし自分が素晴らしいパフォーマンスをしても、それ以上に素晴らしい競争相手がいれば敗者となる。逆に、自分のパフォーマンスが不十分でも、それを上回る相手がいなければ勝者となり、賞賛される。

現代の野球では、「ポテンヒットもヒット」だから、ポテンヒットにつながる打法もある意味、評価の対象となる。

打者なら打率三割で一流と呼ばれ、プロ野球選手ともなれば一億円、二億円を超える年俸を与えられる。七割失敗でも許されるどころか尊敬される。それが野球という競技の不思議な側面のひとつでもある。これもまた、相対の世界だから成立する価値観だ。小中高のレベルならまだしも、プロ野球のレベルでは長年の歴史において四割を記録した打者はほとんどいない。三割が一流の証と、長年のデータが裏付けている。

日常生活に目を移し、「一〇回エンジンをかけて三回しかかからない車」が使えるか、「一〇回乗って三回しか自転車に乗れない人」を乗れると言うか、答えは明らかだ。

「野球はそれとは違う」

と、野球好きなら誰もが言下に反論するだろう。だが、

「なぜ四割打者が生まれないのか?」

それどころか、

「なぜ一〇割打てないのか?」

という発想をまったく持たない、いまの野球界は少し麻痺していないだろうか。

私は「勝てばいい」の勝利至上主義に疑問を投げかけているが、「負けてもいい」と負けの価値を見出す立場でもない。

〈相対〉にどっぷり浸かっているいまの日本の野球に、〈絶対〉の姿勢を思い起こしてもらいたいと願っている。

絶対とは、一〇割を目指す姿勢であり、他人との比較や勝負でなく、「自分と向き合う姿勢」である。

「戦わずして勝つ」の本質

かつて日本社会には、当然のように「絶対の世界で自らを磨く人々」が存在していた。明治維新の時代に志士と呼ばれた傑物たちはほとんどすべてが卓越した剣士で、剣で自らを磨き高めていたという。剣の道を究めることは、ただ剣術の強さにとどまらず、人間力を磨き、判断力、行動力、創造力の醸成とも直結していた。

現代の日本は、相対が支配し、絶対を求めて生きる姿勢を失っている。そのことが大きな欠落を招いている深刻な事実を、私は武術に触れて気づかされた。

「戦わずして勝つ」

この言葉を、日本人なら誰でも一度は耳にした経験があるだろう。だがその本当の意味を、現代の日本人がどれほど理解しているだろう。

おかしなことに、こうした日本の古き佳き伝統に反応し、真剣にその奥義を学ぼうと志す者の多くが外国人で、大半の日本人はアニメの中の空想程度にしか認識していない。日本人が伝統文化の深遠さを軽視している。

「戦わずして勝つ」の本質は、山岡鉄舟が幕末に体現したと言われる。

剣の達人・山岡鉄舟は、剣術の稽古を一〇〇〇日間欠かすことなく続け、一日一〇〇人以上を容易に退けたという伝説を残している。一〇〇〇日間といえば約三年間、それを一日も欠かさず続けた。だがこれを激しい荒行と考えるのは、本質を知らない周囲の勝手な解釈であって、本当は「何人を相手にしようが疲れもしない」「勝負は一瞬にしてつく。さして体力は使わないから問題はない」というのが実態だ。

前述の宇城憲治先生から実際に体感させてもらった立場から言えば、相対した瞬間に無力化され、指一本でも倒れるような状態になっているため、戦う前に勝負はついている。

蛇に睨《にら》まれた蛙のようなもので、いくら力んでも力は出ない。

その経験がない人には、まったく理解不能かもしれないが、柔道選手が「組んだ瞬間にわかる」、ラグビーのフロントローが「ファースト・スクラムを組んだ瞬間に相手の力がわかる」と表現するのはこれに少し通じるだろう。もっと言えば、敏感な選手たちは「組む前にわかる」のではないか。

かつて、剣術修行を重ねた武士たちは、このような感覚を当然のように持っていた。だから、互いに真剣を携えて対峙したとき、相手に圧倒されたらいたずらに勝負を挑まず、刀を置き、平伏して「参りました」と観念する潔さを持っていた。

生死のかかっていない競技スポーツでは「玉砕」が美化されるが、やみくもに突進しても犬死には目に見えている。犬死には滑稽を通り越し、問題外の行動だ。が、競技スポーツにおいてはそれさえも賞賛される。奇妙な価値観に支配され、実効性のない精神論がまかり通ってしまう。

「生きるか死ぬか」の境地から生まれた絶対の真理

武士と武士がやむを得ず真剣を抜き、刀を構えて立ち合う局面が生じたとき、そこにあるのは「生か死か」だった。

勝者は生き残り、敗者は死ぬ。

だからこそ、生死を分ける鋭敏な感性に研ぎ澄まされた絶対の真理が積み重ねられ、継承された。それが武術の心技体の体系だ。私はその入り口を学んでいるにすぎないが、絶対を求める武術には、人の能力を引き出す基本的な仕組みが驚くほど明快かつ具体的に構築されている。

その最も基盤となるのが、基本の〈型〉と呼ばれるものだ。空手にせよ柔道にせよ、いま競技として取り組んでいる選手や指導者にとって型は「形式的で、競技には使えない」という認識が定着している。それは、型の真髄を知らないか、学ぶ機会が失われているからにすぎない。そこには人間の心技体の潜在能力を無限に引き出す道標が秘められている。

欧米的な科学の発想が日本社会を席巻し、「筋トレをすればパワーがつく」「メンタルトレーニングをすれば精神が鍛えられる」「サプリを飲めば強くなる」といった即物的な価値観がスポーツ界のみならず、人々の心を支配している。かつての日本人は、筋トレもメンタルトレーニングもせず、サプリも摂らず、しかし矍鑠《かくしやく》として凛々《りり》しかった。

武術の型は、一見しただけではそこに秘められた意味は理解できない。私が学んでいる沖縄古伝空手の型のひとつサンチン（三戦）も、ゆったりした動きが主体で、その反復から究極の強さが養われるとはすぐに理解できない。ところが、一連の型の中には心技体の本質を導き出すエッセンスが見事なまでに凝縮され、サンチンを修行するだけで自分自身が変化成長できることを次第に実感する。

いまの野球界には、残念ながら、武術の型に相当するものがない。

絶対的な基準や基本がない。それが野球を迷走させている大きな原因でもある。

絶対的な答えを持つがゆえの希望

相対の世界に生きる弱点は、「絶対的な答えがないため、常に不安を覚えること」である。ホームラン王を目指す打者が、「どうすればホームランを打てるか」、絶対的な心技体の本質をつかみきれずにいる。経験や勘で打っているため、「絶対に打ちたい」と願ったときに、心の奥から湧き上がってくるのは自信や確信ではなく不安の方が強い。

好調で何も考えないときは自然に身体が動くが、ケガをしたり、調子を崩すと手がかりがなく、泥沼に落ちる。それを解消するため、何かに依存するのが最近の傾向だ。それでは「自分を鍛えるために野球をやっている」とは言えない。「結果さえ出ればいい」「結果に一喜一憂する」、それは非常に危うい崖っぷちを、半分目をつぶって歩くような行為だ。そのような一か八かのギャンブルで、人が本質的に鍛えられるはずがない。不安を煽《あお》られて、依存症に陥るからくりがこうしてでき上がる。

基準が明確にない泥沼を、競技スポーツは持ってしまっている。他人と比べて勝てばいいという相対が、曖昧を助長している。

武術を学び始めて、はっきり理解できたことのひとつは、

「相対の世界には答えがなく、不安が残り続ける。絶対の世界には明確な基準と答えがあり、目指す道標、昇っていく階段がはっきりと示されるため、不安がない。階段を昇れば必ず目標に近づけると実感できるため、希望を感じる」

ということだ。

目指す駅までの道順がはっきりと見えていれば、歩きながら不安を感じる心配は一切な

い。ところが、東西南北、駅がどちらの方向なのか、さっぱり見当がつかなければ歩きようがない。仕方なく勘に頼って歩き始めても、もしかしたら正反対かもしれない。まるで闇の中を歩くようで、不安ばかりにさいなまれ落ち着かないだろう。

スポーツ界が基準を持たないための危うさはこれと似ている。

二〇一五年の日本シリーズ第4戦を思い出す。自宅のテレビで実況中継を見ていた6回表、打席に立ったソフトバンクホークスの打者の構えを見て驚嘆した。

(素晴らしい！　まったく隙《すき》がない……)

私は思わず、少し離れた場所にいた家内に向かって叫んだ。

「ちょっと来て！　ソフトバンクにすごい打者がいる。打つよ、きっと」

言った直後に、打者は当然のように投球を捉え、打球は楽々と左中間フェンスを越えた。

アナウンサーの実況で、打者が細川だと知った。

(え、細川？)

またも私は驚いた。ソフトバンクの捕手・細川亨《とおる》は確か、打撃はあまり振るわない。日頃の実績で言えば、構えだけで感嘆するような打者ではないはずだ。けれど、この打席に限って言えば、打つべくして打ったように見えた。

念のため調べてみると、細川はその年、59試合に出場して、ホームランはゼロ、1本も打っていない。打率も一割一分六厘。日本シリーズに登場する打者の中では「一、二を争う打力の低さ」というのが通常の評価だろう。しかし、あの打席は違った。

私は、細川の次の打席が待ち遠しかった。

果たして……。次の打席では「別人」だった。

バットを握る手をせわしなく動かし、いかにも落ち着きがない。風格を持って、ピタッと構える自信満々の姿勢は消えていた。再現できない。それが、いまの野球選手の大半が抱える苦悩だ。

たまたまできた、たまたまいい結果が出た。けれど、いつも最高の状態を再現できる能力がない。ビデオを見て、良かったときの自分を求めても、うまくいかない。外から見える形や動きだけでは、最高の状態は再現されない。

武術とスポーツの根本的な違いのひとつはここにある。

生死をかけた勝負の中から生まれた武術の体系は、〈絶対〉を基盤に構築されている。

それが〈型〉に凝縮されている。形骸化した型にはほとんど意味がない。けれど、伝統を受け継ぐ型には、見かけの形や動き以上の深い真理が秘められている。心技体の真理、自己との対話、あらゆる要素を内包し、常に最高の状態を再現する手がかりになる。

スポーツには、そのような手がかり、いわば、日々心技体を磨く具体的な〈階段〉がない。野球界で言えば、走り込み、投げ込み、素振り、千本ノックなど、肉体的に苦痛や疲労を伴う練習が〈基本〉と信じられているが、武術的な観点から見れば、それらの練習は必ずしも心技体の深まりと連動せず、空回りしている恐れが高い。

いつでも再現できる次元を求め、〈積み重ねの利く稽古〉を重ねるのが本来の練習であるべきだ。武術にはその道筋がある。型稽古、組み手、自由組み手と、順を追って基本を実践的に身につけていく。

第四章で書いたバットの握り方もそうだ。

野球の指導者たちは、基準を持たないため、イチロー選手が小指をグリップから外してヒットを量産すれば、「それもあり」と言う。新しい投手や打者が活躍し始めたら、その選手の投げ方、打ち方が良しとされ、多くの少年たちがこぞって真似をする。それが本当に正しいのか、一過性の好調か、ケガの危険はないのかといった検証は明確にされない。

結果に一喜一憂し、結果が出れば善とされるのが相対に支配される野球界だ。武術の世界には、基本となる型稽古に始まり、順に実戦に対応する力を養うステップが体系化されている。野球にはそれがない。武術には、すべての道標が厳然とあり、全体の価値観とつながって、立ち方、構え方、握り方など細部に至る答えが自《おの》ずと用意されている。筋が通っていて、曖昧さがない。

型稽古を基盤とする武術の体系という大切な宝を失っている日本のスポーツ界が無念でならない。

甲子園出場に重きを置かない高校野球

高校野球の象徴と言われる〈甲子園〉が、長年多くの日本人を惹《ひ》きつけている。誰もが甲子園に憧れ、甲子園はまた毎回のように劇的な感動を生み出す。だが、

「甲子園は高校球児の目標だが、高校野球の〈目的〉ではない」

といった表現もしばしば耳にする。

では一体、甲子園出場を上回るだけの高校野球の目的とは何だろう？

私には、小さな勝負の興奮から解き放たれて、もともと日本人が野球に感じた武術的な価値観との接点を呼び起こせないかという願いがある。

奈良県立桜井高等学校の森島伸晃《のぶあき》監督（当時）が「甲子園を目指す高校野球はやめた」と、互いの人生の師である宇城憲治先生から聞かされたのは五年くらい前だった。勝ちにこだわり、甲子園出場を最大の目標にするのでなく、「野球を通して人を磨く、高校野球の本来の姿勢を求める」と。

この春から高校の現場を離れ、奈良県教育委員会事務局に勤務する森島伸晃前監督を訪ねると、こう話してくれた。

「武術に出会って、日本にはこんなに素晴らしい生き方がある、本当の強さを身につける道があるとわかったら、それ、高校生たちに伝えてあげたいでしょう」

漠然と甲子園を目指す野球ではなく、はっきりと心技体を磨き、頼もしい人間になる道標を日本の伝統武術に見出し、確かな道を選択したのだ。

「斑鳩《いかるが》高校の監督時代、初めて近畿大会に出たときの会場がたまたま甲子園球場でした。

甲子園のベンチに座って、試合をし始めて、

（あ、ここは選手のものだな。野球は選手がするもんや。監督が偉そうにサイン出して、自分のもんみたいに勘違いする場所やない）

と気づいたのです。グラウンドと、そしてスタンドで応援する生徒たちは本当に楽しそうやった。そのときから、甲子園で何勝したとか、たとえ甲子園で一万回優勝したとしても、そんなのどうでもええ、という感じがあったのです」

同県の斑鳩高等学校（現・法隆寺国際高等学校）で二年連続センバツ出場を果たした。周囲は森島監督を、公立高を強豪に育て上げる名監督と思い込んでいただろう。だが、森島監督の胸の奥は違った。

「甲子園に出たからといって、強い人間になれるわけやない」

森島監督は同じ思いを共有する他校の監督たちと、毎年一月に宇城先生を招いて高校生たちと学ぶ機会をつくるなどした。参加者はやがて一〇〇〇人を超えた。宇城先生は、しっかり立つ、光を照らすといった、武術の奥義を誰にでもできる方法で体感させ、筋トレを遥かに超える本質的な力が誰の身体からも湧きあがる喜びを体感させた。高校生たちは

素直に感動した。感動が目覚めを呼び起こし、選手たちは自発的に「変わった」という。朝練習では学校のトイレ掃除をし、シューズをきちんと並べるなどの日常を大切にし始めた。部室の整頓を誰もが率先し、学校内外で笑顔の挨拶の輪を広げた。そうした行動は校長を始め、先生方にも伝わり、教員を対象にした勉強会も始めた。甲子園にだけこだわる高校野球の監督の発想や行動を遥かに超える実践が始まった。

二〇一三年夏、思いがけないニュースが伝えられた。

「桜井高校が甲子園出場を決めた！」

天理高校、智弁学園、郡山高校、奈良県の夏の代表は四四年間、この三校に独占され、それ以外の高校が奈良代表として夏の甲子園の舞台に立つことはなかった。その牙城を崩し、四四年ぶりに三校以外の高校が甲子園の切符を手に入れた。それが、甲子園を目指さないと決めたはずの桜井高校だった。

相手の好プレーには拍手を送る、勝ってもガッツポーズをしない。

甲子園を目指さず、人として大切なことを重視して取り組んだ桜井高校に野球の神様が微笑《ほほえ》んだ。桜井高校はその二年前にも奈良県大会の決勝に進んでいる。そのときは智弁学園に惜敗した。智弁の打者がホームランを打った。その打撃に桜井ナインが拍手を送った。その行動がひそかな話題になっていた。そしてついに甲子園出場の栄誉を与えられた。甲子園では作新学院に初戦で敗れた。試合後、甲子園を去る前、選手全員がグラウンドに正座し、感謝を込めてお辞儀をした。その姿がのちに「土下座した」と一部のメディアやファンから揶揄《やゆ》された。桜井高校の主将を始め、ナインはいっさい動じなかった。

「いつもやっていることを甲子園でもしただけです」

それは土下座でなく、心からのお礼の挨拶だった。

桜井高校で森島監督とともに野球に取り組んだ選手たちは卒業後どのような人生の階段を昇っているのだろうか。

「選手たちは苦労していますよ。海外に出ている選手も多い。理想と現実のギャップ。いまの世間は理想と違いますからね。だから、それが修行と違いますか。そこに向かって走って行くのが希望やろ、と思っています」

目に見えるものより大切な「間」

野球界という小さな壺《つぼ》の中で「勝った」「負けた」と騒ぎ、勝者が華やかな扱いを受ける。そのことにどれほどの意味があるだろう。

森島前監督は、こんな話もしてくれた。

「学校の授業でバレーボールをやるとね、あまり上手じゃない女子生徒はとくに、試合をやると盛り上がらないんです。つなぐぞ、ゆうて、みんなでパスをつなぐとものすごく燃える。子どもとバドミントンやるときもそうですよね。羽子板もそう。蹴鞠《けまり》もそうですね。いまは相手を叩きのめすのがスポーツになっているけど、元々はそうじゃなかった」

相手を叩きのめし、勝者だけが喜びを味わい、敗者がすべてを失うかのような競技スポーツに、調和が生まれるはずはない。森島前監督は、師から学び、日々糧にしている真理のひとつを話してくれた。

「衝突を前提にする四次元の世界では、選手を集め、筋トレをしたチームが勝ちます。でも、その戦いからは何も生まれません。四次元に心を乗せて五次元にする。五次元の世界では、力を入れた方が勝手に負ける。筋力ではどうにもならない。せめて自分の周りだけでも五次元にしていくことが僕らの務めやと思っています」

三次元空間に時間を加えた四次元の世界。いまはさらにアメリカの物理学者リサ・ランドールが「五次元宇宙論」の仮説を立てた五次元の世界が新たな注目を集めている。森島監督が桜井高校で実践したのは、衝突から調和へと次元を変えた「心を乗せた野球」だった。

「時間、空間、人間という言葉にはみな〈間〉という字が入っている。ところが人はたいてい、時、空、人と、目に見える方を重視します。本当は、間の方が大事なこと、そっちに本質があることを忘れていないでしょうか。

人と人の間、その場の空気をつくること、それが人間関係です。監督と選手の間がよくなれば、チームは自然に動き出します。選手と選手も同じです。監督が命令して選手に従わせる、そこには間がありません」

勝つことだけ、甲子園を目指すだけ、相手を叩きのめしてガッツポーズで勝ち誇る野球にはほどよい間が存在しない。それでは日常生活に生きる糧は得られない。

野球と世間の間、野球と学校の間、野球と日常生活の間をきちんと醸成し、雰囲気のいい間ができてこそ、野球に意義が生まれ、輝きを放つ。

誰もがいまは、野球そのものにだけ執着しすぎていないだろうか。バットを握る腕や、ボールを投げる手にばかり意識を向けて力んでいるのと同じく、そのものに居着いては本質的な力が発揮できない。

手がかりは簡単なことだ、と森島前監督は言う。

「いまはみんな、目に見えることばかりに注目している。本質は目に見えないところにある。それだけのことや、思います。実際は間がすべて。野球でも、自分と相手の間を考えるのが本質です。共同作業では、調和した方が得です。自分だけでは動きません。中心があってこそ、回転が起こります。地球にしてもそうでしょう。太陽という中心があるから、地球は回り続ける。間の大切さは、日本人には普通に理解できていたことです。いまの日本人はそれを忘れている」

目に見えないところを大事にできるかどうかで、野球は変わる。

森島監督が桜井高校の監督の座を後進に譲った後、毎月一回配布していた『野球道』という通信を冊子にまとめた。その巻頭言、桜井高校・谷垣康校長（当時）が寄せた文章が印象的だ。「桜井野球と『野球道』」と題して、次のように記されている。

《二〇一三年夏、センターがウイニングボールをキャッチして、桜井高校野球部が甲子園初出場を決めた瞬間、私も含めてスタンドは跳びあがって喜びを爆発させた。同じ時、グランドの選手たちは、試合終了の挨拶のためにホームベースへと走り出していた。跳びあがる者も、ガッツポーズをする者もなく、輪になって優勝を誇示することもなかった。

それを高校生らしくないと批判する人もいるかもしれない。しかし、彼らは嬉しくなかったわけではないし、跳びあがりたいのを我慢していたわけでもない。ただ普段通りに決勝戦を戦い、普段通りに試合を終えただけなのだ。その姿は、自然だった。少なくとも、私にはそう見えた。前日の準決勝でサヨナラ勝ちをした時も、同じだった。

「大事な場面でも、普段通りに」とよく言われるが、それは、口で言うほど簡単なことではない。それだけの「普段」があって、初めてできるものだということを、選手たちから教えてもらった。勝利の瞬間にも「普段通り」の行動ができる強さが、あの夏の優勝の原動力だったと思う。

その「普段」をつくり、「普段」を積み重ねたものが、この『野球道』なのだろう。彼らが普段何をして、何を考えてきたのか。この冊子はその記録であり、その蓄積に意味がある。（以下略）》

ボールに触る時間がものすごく短いスポーツ

今年も夏の地方大会に入る前、十数校のグラウンドを訪ね、高校野球の監督たちに話を聞く機会があった。多くはここ一年の大会で上位に勝ち進んだ経験がなく、甲子園は雲の上にしか感じられないチームである。それでも彼らは、甲子園出場を夢に描き、放課後そして週末、ほかの趣味に時間を注ぐ選択を捨てて、白球を追い続けてきた。

実力的に甲子園が身近に感じられないチームの監督ほど、

「甲子園以外に高校野球の目的をどう実感させるか。それが大きなテーマです」

と話す。チームの強化と同時に、

「真の目的をどう見つけ、共有できるかを日々選手たちと追い求めている」

と話す監督たちの模索は切実に感じられた。

ここ数年、多くの学校は〈部員不足〉の現実にも直面している。

その中のひとり、二〇一六年は選手九人で春夏の大会を戦った新潟向陽高校の佐藤達夫監督の言葉が印象に刻まれた。練習で大切にしていることを聞くと、こう話してくれた。

「野球というのは、圧倒的にボールに触っている時間の少ないスポーツです。

夏の大会前、ショートが千本ノックを受けても、実際の試合では一本も飛んでこない場合がある。そして、直接ボールに触るのは外野からの中継プレーとかで、案外そこでのミスが敗北につながります。

うちはいま選手九人ですから、ダブルヘッダーで練習試合をすればふたりの投手がひとりずつ完投するしかない。昨日も終盤、投手がマウンドで必死に足のストレッチをしていた。足が攣《つ》ったのか、あるいは体力的にいっぱいだなと私は心配したけれど、誰ひとり、マウンドに行って声をかけようともしない。思いやりがない。仲間を感じる気持ちもない。それが最近の子どもです。なんとか、野球を通じてそこを変えていけないか。

もちろん、甲子園を目指しています。部員九人で甲子園に行きたい。でも、それ以上に、人徳のある子どもを育てたい」

佐藤監督は目を輝かせ、グラウンドで躍動する選手たちを見やった。そして続けた。

「野球はボールに触る時間の少ないスポーツだから、ボールに触るところの練習だけ一生懸命やっても無意味です。ボールを持っていない時間に何をするのか。声をかける、カバーをする、それを重視しなければ、野球の練習をしているとは言えない。それはまったく、普段の姿勢にも通じます」

その言葉に接して、私自身、ハッと胸を衝かれた。

「野球をする姿勢が普段に通じる」という教えが精神論でなく、野球というスポーツの本質とつながっている。ボールを持っていないときに何をするかは、野球のプレーそのものだ。その時間を含めて「野球をする」認識で取り組めば、変わる手がかりになる。

ボールに触れていない時間をどう過ごすか

野球は、「4打数2安打」「失策ゼロ」「7回被安打5、無失点」といった具合に、ボールに触った局面だけを記録とし、クローズアップする。時間にすれば数秒にすぎないその瞬間が選手の評価となり、結果とされる。そのことに野球好きはあまりにも慣れすぎていないだろうか。かつてはその数字の背後にあるプレーや、数字に表れないプロセスなどにもファンは注目し、熱く語り合った。

結果が数字に凝縮されるのも野球だが、原点を思い起こす必要はないだろうか。

頻繁にボールをやりとりする投手と捕手は別として、ほかの野手たちは試合中、インプレーのボールに触れる時間はものすごく短い。その時間だけを「野球している」としたら、大半の野手が野球をしている時間は1試合で一分にも満たないだろう。そんなわけはない。1試合二時間とすれば、みな二時間、野球を楽しんでいる。ボールに触れていない時間、野球とどう関わり、野球をどう楽しめるかが「野球の本質」だ。

三塁手が、遊撃手が、ボールに触れていない間にもできることがある。

投手を励まし、ほかの野手とコミュニケーションし、相手の打撃や戦略を感じて対応し、次のプレーに備える。ほかの野手のところに飛んだ打球にも、カバープレーなど最善の動きを尽くす。本来は当たり前にやっているはずだ。が、その意識、そこを楽しむ度合いが薄くなってはいないだろうか。

二塁に走者が出たとき、投手と遊撃手、二塁手は、それぞれが間合いをつくり、無形の連動をしながら走者の隙を突き、牽制で仕留めようと努める。その、見えない糸のやりとりは、野球の楽しみのひとつだ。ボールを持たない間にも、遊撃手、二塁手は高度な動きを展開する。しかし、これも最近はサインプレーに整理され、パターンで行う場合が多い。もっと感覚的、臨機応変に互いの動きを察知し、瞬時のプレーができたら、野球はもっとワクワク、深く楽しく、創造的になる。

ふと、サッカーを思った。

ゴール前で味方のパスを受けてシュートを狙うフォワードの選手は、ボールを持っていない間にも高いテンションで感じ、動き、絶妙な間合いをつくろうと常に最善を尽くしている。サッカー選手の方が、最近の野球選手よりずっと、ボールを持っていないときのプレーへの集中力が高いのではないかと感じたのだ。

これを私のブレーンでありサッカー・ジャーナリストの大塚一樹に話すと、意外な答えが返ってきた。

「サッカーでは、オフ・ザ・ボールが重要だという考えは常識です。ボールを持っていないとき、何を感じ、どう動くか。これがサッカー選手のメイン・テーマといってもいいくらいです。サッカー選手は競技を始めたら徹底的にこれを植え付けられます」

サッカーではそれが常識。野球では「常識」と言えるだろうか。彼の話は続いた。

「オフ・ザ・ピッチという考えも常識です。ピッチ外の行動も重要だと、サッカー界では認識されています。最近はスキャンダルなどで話題になる選手もいますが、基本的にはオフ・ザ・ピッチ、オフ・ザ・ボールの考えは世界共通の常識です」

甲子園にしばしば出場する監督たちからは、「野球は準備のスポーツだ」と聞かされる。勝つチームはやはりその重要さを認識し、徹底している。勝つだけの準備があるのだ。けれども、甲子園の熱狂や興奮の陰に隠れて、そうした大切な姿勢を伝えそびれている現実もある気がする。

「ボールを触っていない時間も、野球をしている時間だ。だからこそ、野球が普段の生活の姿勢ともつながる」

これは、野球を通じて人間を磨くという、野球の目的にも通じる。

なぜ「考えたらダメか」の科学的立証

指導者はしばしば「考えろ」というが、本当は考えてはいけない。

簡単に言えば、「考えたら、ひらめきが停止する」からだ。創造するメカニズムは、実は頭脳からでなく、もっと身体全体の、感性や行動、現在と未来への動きの中から自然に湧きあがる産物である。

無から有を生み出す仕事に就いている開発者や芸術家なら実感していると思うが、〈いい考え〉は、思考からは生まれない。ひらめきから生まれる。ひらめきは決して偶然でなく、「基礎の徹底した積み重ね」「未来からモノを考える姿勢」によって生まれるという。

野球におけるひらめき、瞬時のプレーの選択や発見も同様だ。立ち止まって、頭で考えても遅いし、最善のプレーにはつながらない。

武術的には、「時間の中に入る」「事の起こりを抑える」といった表現がされる。「先の先、後の先」といった言葉は最近でも時々耳にする。これらは、剣の修行を積んだ先人たちが体得した究極を的確に表現した真理だ。

近年、これが科学の分野でも実証された。科学は常に後追いなので、事実が先で科学が後、科学が証明したから確かだと言いたいのでなく、理解しやすい手がかりだと思うので、紹介する。

アメリカの神経生理学者ベンジャミン・リベット博士の研究によれば、人は何かの現象に直面して行動するのに、平均して約〇・二秒、それを自覚するのに約〇・五秒かかる。

車の運転を例に取ろう。前方に歩行者が飛び出してきた、咄嗟にブレーキをかけた、無事危険を回避しホッとした……。

歩行者を確認し、ブレーキを踏むまでに〇・二秒。

（あっ、自分はきちんとブレーキを踏み、対応できた）

と自覚するのに〇・五秒。つまり行動が思考より先になっている。行動は、いま人々が〈頭脳〉と呼んでいる思考回路とは別の次元で生み出され、もっと素早く身体を動かしている。行動は、一般に言う〈頭脳〉より素早い回路でなされているのだ。

データ野球がもてはやされているが、この観点から見れば、データに頼ってプレーすることの限界が理解できるだろう。データは野球を観る側のファンが、検証して楽しむ要素ではある。だが、選手自身がプレーするときにデータを先に置いても次元の高いパフォーマンスは生まれない。

先の例で言えば、〇・五秒までは〈無意識の世界〉であり、〇・五秒を過ぎて〈意識の世界〉が起こる。

頭で考える、データを参考にする、頭で命令して動く、といった行為はすべて〇・五秒後の〈意識の世界〉だから、野球の現場では遅すぎて、間に合わない。役に立たない領域の行為なのだ。それなのに、意識の世界で理解することに囚《とら》われた現代人は、意識で自分を動かそうとする。その過ち、愚かさに早く気づく必要がある。

日ごろから鍛錬し、高めるべき対象は、〇・五秒以前の〈無意識の世界〉だ。

具体的な野球のシーンに置き換えて考えてみよう。

投手がボールを投げ込んできた。

そのボールを打つべきか、見逃すべきかの判断は、〇・二秒までの間に行われている。打つという行為は、〇・二秒から〇・五秒の間に完了している。〇・五秒後、自分は打った、または打ち損じたと自覚する。打撃に対して〈頭脳〉が関与する余地はない。いくらデータをインプットしても、本質的にはほとんど好影響はない。

勘の鋭い読者のために、まだ言及していないところにも触れておこう。

〇・二秒までの世界のことだ。

事実に直面し、行動を起こす〇・二秒までの間に、すでに身体の中では行動の予兆が始まっている。〇・二秒から〇・五秒までの間は、いわば反射的な行動だ。反射は、決して次元の高い行為ではない。人間なら現代人でも誰しも備えている本能的な機能だ。〇秒から〇・二秒までの〈無意識〉の行動にこそ、その人の本質とも言える〈心〉が表れる。

思考停止の野球界

監督たちが日頃から「よく考えろ！」と怒鳴るわりには、野球界は驚くほど思考停止状態になっていないだろうか。

十年一日のごとく、同じことを繰り返している。それを伝統の重さとも言えるが、本来は時代の流れや要求と共に変わるべきところを〈変わる〉体質や機能を持たないまま、固定化している。

生物が生きるために変わるのは当然であり、変わる提案が拒絶される体質は危険だ。時代や環境に応じて変わることは、成長と発展のためである。変化できない組織は化石化し、進化の生命力を失う。それがいまの野球界の姿ではないだろうか。

プロ野球は、「一部の球団の長老が支配して久しい」と言われる。長老の慧眼《けいがん》や実力によって維持繁栄した側面があるにせよ、すでに時代が新しいエネルギーと変化を求めているのは明らかだ。その体質を打破しようとする画期的な新展開も、ずっと感じられない。

野茂英雄がロサンゼルス・ドジャースに入団した一九九五（平成七）年当時、NPB（日本プロ野球）とMLB（メジャーリーグベースボール）の事業規模はいずれも年間約一二〇〇億円でほとんど変わりがなかったという。ところが、ストライキの影響もあって深刻な危機感を抱いたMLBは結束して、精力的に事業改革に取り組んだ。結果、いまでは一〇倍以上とも言われる規模に収益規模を発展させ、さらに成長を続けている。他方、日本のNPBは、相変わらず一二〇〇億円の規模をなんとか維持しているにすぎない。

最近は日本人選手が海を渡るたび、天文学的に聞こえる年俸の額にため息をつくのが恒例のようになった。その日米格差は、野茂のMLB挑戦以降に開いたもので、元々の差でないと知ったら、読者はどう感じるだろう。

あるいは〈統一球〉の問題。いまはほとんどメディアも話題にしなくなったが、私はずっと不思議だと感じている。WBC（ワールド・ベースボール・クラシック）で使う国際球と同じボールを日本のプロ野球でも普段から使うべきではないか、という加藤良三コミッショナー（当時）の発案で採用されたと言われる統一球。気がつけば、WBCで使うMLBの統一球とプレミア12やオリンピックで使うNPBの統一球、世界にふたつの統一球ができている。この不思議を日本のメディアがほとんど触れないのはなぜだろう。

今季採用され、たびたび物議を醸しているコリジョンルールにしても同様だ。

本書で書いたとおり、野球のルールはおおむね守備側のプレーを保障することを原則として規定されている。打球を捕ろうとしている内野手に走者がぶつかったら、守備妨害になる。ところが、コリジョンルールだけは、走者の安全を強調するあまり、捕手の守備を規制している。野球規則の原則に照らせば、大きな矛盾がある。ところが、「安全」という印籠を目の前に突きつけられて、誰もこの矛盾を指摘しない。自由に議論する土壌があれば、このような発想は多くの人たちから生まれ、発信されるのではないか。それをきっかけにもっと素晴らしいアイディアがたくさん提案されるのではないか。そのような自由闊達《かったつ》な雰囲気が残念ながら、いまの野球にはない。

野球に関わる一人ひとりがあえて思考を停止させ、触らぬ神に祟《たた》りなしといった姿勢を取ってそれぞれの保身を図る姿勢が知らずしらず当たり前になっている。直接現場に関係のないファンでさえ、その空気にのみ込まれる。ここに野球界の大きな課題がある。

高校野球は、高野連という半ば神格化された組織に支配され、その傘から外れる動きをすれば、たとえそれが高校生のためであっても、責められる雰囲気がある。「現場の素朴な思いを提案し、高野連で何か新しい動きが始まった」というニュースに接した記憶は過去数十年にわたってゼロではないが、ほかの分野の発展や変化に比べたらほとんどないに等しい。

パワハラが社会的に問題となり、上司の言葉遣いや態度に厳しい発想転換が求められる世相の中、野球の監督・コーチの意識はまだ旧態依然としている。暴力さえ振るわなければいいのではなく、言葉の暴力も戒める、それ以上に、指導にあたる心持ちを根本的に発想転換する姿勢が重要だと私自身、感じている。そうした投げかけや会話を現場で聞く機会はまだ少ない。

高校生たちが学校になじめず苦悩する問題はすでに顕在化して久しい。新たな環境を求めて、転校する生徒たちは増加し、その受け入れ態勢も大幅に改善されている。ところが、高野連はいまもなお、「転校したら一年間は公式戦に出場できない」というルールを守り続けている。これは〈引き抜き〉を規制するための規定らしい。一部選手の引き抜きを阻止するために、それとは無関係の高校球児の自由な選択が奪われている。転校の原因がイジメであることが明らかになった場合は除外され、特例扱いとなるが、所属していた高校がイジメの事実を認めず適用されないケースもあると聞く。高校野球報道が膨大にされる一方で、このような問題についての報道は皆無に等しい。多くの人は、この規定さえ知らないだろう。こうした改善すべき課題は枚挙に暇《いとま》がない。練習時間が長すぎること、休みが少なすぎること、なぜ丸刈りにしなければならないのか、等々。

また、この夏には、甲子園練習から女子マネジャーが閉め出される出来事があり、大きな議論を呼んだ。大分高校の女子マネジャーがユニフォーム姿で練習に参加していたが、これに気づいた大会役員が「女子は危険だからグラウンドに入れない」という規則を盾に途中で追い出したのだ。当然、多くの人々が女子マネジャーを擁護する発言をネット上で展開した。数日後に開かれた高野連の理事会では「半数以上の理事が、やはり女子は危ないからこの判断は妥当だったとした」と結論づけたことが報道され、ますます呆然とさせられた。

高野連の理事たちは、日頃の高校野球の風景をご存知ないのだろうか？

ノッカーにボールを手渡す〈ボール渡し〉の役目は、多くのチームで女子マネジャーが担っている。ティーバッティングのボールを上げる、ピッチングマシンにボールを入れる女子マネジャーもいる。女子マネジャーを甲子園から追い出すことは、高校野球の日常を否定することと同じだ。また、四〇年前後の長い時間をかけて監督たちの信頼を得、チームメイトの支持と感謝を築き上げてきた全国津々浦々の歴代女子マネジャーたちの努力を無にする。

しかも、かつては甲子園練習への参加が認められていた。

一九九六（平成八）年の春のセンバツに出場した新潟明訓高校・大矢純子マネジャー（当時、現・フリーアナウンサー）が教えてくれた。

「私が中三の夏（一九九三年）、先輩ふたり（新潟明訓の女子マネジャー）が甲子園練習で甲子園のグラウンドに立っています。いつもの練習と同じ、ヘルメットにジャージー姿です。それが報じられた新聞記事の写しが、高校の記念誌に載っています。私も高校に入ってマネジャーになりました。三年春のセンバツに出場し、私も甲子園練習に参加できるはずでしたが雨で室内練習場になり、甲子園には立てませんでした。晴れていれば、参加できると言われていました」

普段と同じように女子マネジャーが甲子園に立っていた事実がある。女子マネジャーが記録員として甲子園のベンチ入りを許されたのはその夏（一九九六年）からだ。

自らプレーする女子選手も増えている。

私が監督を務めるリトルシニアの試合でも、女子選手の姿を見かける機会は珍しくない。東京武蔵野シニアでも、今年の主将は女子選手だった。三年間、彼女がボールを当ててケガをしたことは一度もなかった。つい先日の練習試合でも相手チームの「4番・捕手」は女子選手だった。日常的にグラウンドに出ていれば、もはや「女子だから」という理由で「危険」と決めつけられないのは明らかだ。むしろ、技術的に稚拙で危険な男子選手のケガが少なくない。20点以上の差がつくような地方大会の試合では、見ていて危険を感じる場面もある。こうした危険への対応策は講じられていない。

もっと自由に議論し、新たな動きを試し、提案する空気があれば野球もさらに愛され、発展するのではないだろうか。

野球の試合をする目的は何だろう？

この本のまとめに、なぜ試合をするのか？　最も素朴で本質的な問いかけと向き合ってみたい。

高校野球では、トーナメント戦の宿命に押しつぶされて、「負けを恐れる気持ち」ばかりが試合を支配してはいないだろうか。

負けを恐れて萎縮する。負けを回避するため、安全なプレーを選択する。その結果、試合の醍醐味が失われ、スケールの小さな野球が大勢になる。それでは野球の目的が半減するどころか、野球の魅力が失われる。普段の練習もそこを目指すために、本質から外れていく。

プロ野球デビュー戦で、先輩投手・金田正一に4打席4三振を喫した長嶋茂雄は、三振しても三振しても思い切って立ち向かった。三振を避けるため、当てにいこうなどという気配は微塵《みじん》もない。マウンドの金田は、黄金ルーキーをキリキリ舞いさせながら、

（この新人打者は怖い。いずれ必ず打たれるだろう）

と、感じたという。

〝宇宙人〟とも形容された新庄剛志《つよし》選手がメジャーリーグから日本球界に復帰し、日本ハムファイターズでプレーしていたときのこと。私は外野フライを楽々とキャッチする中堅手・新庄の動きを何気なく見ていて、ハッとさせられた。センターにフライが上がると、新庄は前か後ろに動き、落下点に入って打球をつかむ。何本かのセンターフライを見るうち、新庄がほとんど左右に動かないことに気がついたのだ。ちょうど目の前の席に当時の奥様が座って観戦していたので、思わずその感想を伝えると、彼女はごく当然といった顔で、

「はい、ボールが来る場所がわかるらしいです」

と答えてくれた。

打者に応じて、新庄はあらかじめ守備位置を調整する。左右に動くのは打球が飛ぶ前だ。あとは、前後に調整するだけ。そこに新庄の感性があり、新庄が外野を守り、野球をする楽しみ、喜びがあったのではないだろうか。

読者は、これまで見てきた野球の試合の中で、「最も印象的な試合または場面を挙げてください」と問われたら、どの試合、どの場面が浮かぶだろう？

自分自身の試合がまず浮かぶ方もいるだろう。

私も同じ。中学、高校時代、あるいは草野球の試合で強く心に刻まれている場面がある。見た試合で言えば、例えば、一九七一（昭和四六）年の日本シリーズ第3戦。正確に言えばこの試合は見ていない。中学校の授業中、先生に隠れてラジオで実況中継を聞いていた。

巨人対阪急戦。そこまで1勝1敗。1対0、阪急リードで迎えた9回裏。阪急ブレーブスのマウンドにはサブマリン（下手投げ）の山田久志。第2戦でも7回投げた山田がこの日の先発。8回まで巨人打線を2安打に抑えていた。巨人は敗色濃厚。このまま敗れれば、7連覇に赤信号が灯《とも》る、暗いムードが後楽園球場を覆っていた。

9回2死、四球で出た柴田を置いて、3番長嶋がセンター前にしぶとく抜けるヒットで望みをつないだ。そして、ここまで完全に山田に抑えられていた4番王が、カウント1―1からの3球目をライトスタンドに運び込んだ。

逆転サヨナラ・スリーラン・ホームラン。

これで2勝とした巨人は、4戦、5戦も連勝し、7連覇を達成した。

長嶋ファンにとってこの試合は、複雑な思いで胸の奥に刻まれている。巨人の連覇が途切れる危機を脱した。しかし、大舞台のヒーローが長嶋でなく、王だった。

この出来事から二〇年以上経って王貞治とテレビ番組でご一緒したとき、ずっと胸の奥に感じていた思いを確かめたくて、ひとつ王本人に尋ねた。

「たくさんのホームランの中でも、王さんご自身が最も印象に残っている1本というのは、ありますか?」

ありますか? とは聞いたが、あるに違いない、あの1本に違いないと私は勝手に確信していた。確信というより、それは恐れにも近い感情を伴っていた。一緒にいたプロデュ

ーサーは、

「それは無理な質問だよ。オールスターや日本シリーズも合わせたら1000本以上のホームランを打ってらっしゃるのだから」

と助け船を出したが、それを制するように王自身が強い声を上げた。

「ありますよ」

きっぱりした声だった。私はもう、その声の勢いで確信した。

「日本シリーズで山田投手から打ったサヨナラ・スリーランです」

やっぱり……。

あの1本のホームランは、長嶋から王に時代が移った戴冠式だった。

それを王貞治自身が感じていた。

不思議なことに、この話を野球好きにすると、ほとんどの仲間たちが同じことを感じ、同じように納得する。そんなことは、直接的にはほとんどメディアでも語られたことはないのに、時代の中で、野球を通して共有している感情があったのだ。

さて、試合は何のためにするのだろう。

野球を楽しむためであり、野球の面白さを、いっそう体感するためだ。日頃から培った心技体の器量を、試合を通して「試し合う」。試し合うことでさらに深く感じ、不足を自覚し、いっそうの励みを得る。

〈試合の喜び〉に思いを馳せるとき、身体を熱くする逸話はたくさんある。

一九九五年、野茂英雄投手がメジャーリーグに渡った年の最終戦となったプレーオフ、シンシナティ・レッズ戦の試合後の出来事も胸に染み入る。

レッズの主砲ロン・ガントにホームランを浴びて野茂は敗戦投手となり、長いシーズンを終えた。記者の質問に答えるためネット裏を移動しているとき、そのガントとすれ違った。ガントは野茂に右手を差し出し、真っ直ぐに野茂の目を見つめてこう言ったという。

「メジャーリーグを助けてくれてありがとう。ストライキ明けのメジャーリーグが、キミのおかげで救われたんだ。選手はみんな、感謝している」

メジャーリーガーの頭にあるのは、自分自身の活躍やチームの勝利ばかりではない。野球の繁栄、リーグの隆盛、野球が社会的に大きな意義を持つことが大前提だという意識を強く持っているのだ。

日本で初めて「魔球」フォークボールを会得し、一世を風靡《ふうび》した杉下茂投手の姿勢も、いまの野球界では考えられない。杉下は、1試合に投げるフォークボールの数を自分で制限していた。肘の負担を軽減するとか、そういう理由ではない。

杉下のフォークボールは、全盛時にはほとんど縦にストンと落ちたという。

「こんなボールを投げたら、打者は絶対、打てるはずがない。それがわかっていて投げるのは、ずるいと思った」

このような感覚が、昭和三〇年代の日本人、日本の野球選手にはあった。

子ども心を動かした、長嶋茂雄の熱

自分の中に眠る感性や可能性は、日常の生活ではカギがかかったまま開花しない場合も少なくない。試合という緊迫した舞台でこそ、そうした感性や潜在的な能力が触発され、自分が一気に次元を飛躍する感動もある。それこそが、試合の喜びではないだろうか。

失敗を恐れて守るだけでは、感性のカギはより固く閉ざされ、開くことはない。

いまも浮かび上がる光景がある。

長嶋茂雄が引退後一〇年近く経って少年野球を指導したときの風景だ。

すでに、長嶋が誰なのか実感のない小学生たちは、興奮する父母とは対照的に、長嶋の指導をそれほど本気で受けていなかった。

グラウンドの空気が一変したのは、長嶋が自らサードのノックを受け、手本を示したときだった。

ゴロに対して、猛烈な勢いでダッシュし、キャッチするとすぐさま一塁に送球した。何度も何度も、

「捕ったらすぐ投げろ！　捕ったらすぐ投げろ！」

そう叫びながら反復する。

最初、一塁方向に目を移した少年たちの多くはクスクスと笑っていた。

なぜなら、長嶋の送球は全部、暴投だったからだ。

しかし、長嶋の熱は変わらない。

「暴投なんか気にするな！　捕ったらすぐ投げろ」

今度はそう叫んでまた猛烈なダッシュと暴投を繰り返した。
少年たちの眼《め》が、熱を帯び、輝き始めた。
私はそのときのグラウンドの熱を忘れることができない。

おわりに

ダーウィンの進化論は、「弱肉強食」を基本にしているという。それ以前にラマルクが近年再評価が進んでいる「調和の進化論」を提唱したが、時の権力者たちにはダーウィンの「強者の論理」の方が都合良く、それが定説となった。このように、世間の常識は必ずしも真理とは限らない。

野球の価値観にも、ダーウィンの哲学が反映している。そのため、いまも「勝てば官軍」、「強者の論理」が幅を利かせている。

私たちが野球に魅せられたのは、「強者への憧憬《しょうけい》」や「衝突して勝つ興奮」によってだけだったろうか？

白球と戯れる快感、身体の奥から湧きあがる不思議な共感に心を奪われたからではないか。

私たちはいま、意図的に形成されてきた野球の常識を根本的に見直し、誰かに都合のよい美学や精神論から解放されるべき時代に立っている。

人は宇宙のエネルギーから生まれ、生かされている。目の前の小さな視点に固執して、いま、その本質を忘れていないだろうか。私たちは元来、宇宙のエネルギーと調和して存在し、生まれながらに誰の中にも花の蕾《つぼみ》が秘められている。

野球という小さな枠の中で、勝敗や結果だけで価値を測ろうとするのは、宇宙の本質と矛盾している。一人ひとりが生まれながらに与えられている、もっと大きな可能性に心を向け、自然体で羽ばたいたら野球はもっと豊かになると思う。

本書は、野球やスポーツについて書いた久々の著作です。この本師・宇城憲治先生に学び、発想の土台を築き直すのに、長い時間が必要でした。この本で投げかけた多くは、宇城先生のご指導から示唆を得たものです。まだ学ぶ道の途中ですが、これまでのご指導に心よりお礼を申し上げます。

そして、野球をテーマに書くことを勧めてくれた長年の友人でありエージェントの刈部謙一氏。野球への逆風が吹き荒れる中、熱心に編集部の共感を広げてくださった井上琢麻氏。ふたりの存在がなければ、この本は実現しませんでした。さらに、東田健編集長のご尽力で構成がすっきりとまとまりました。ありがとうございました。

またこの本は、長男・武弘の存在なしには生まれませんでした。本の核心を成す発見とインスピレーションの多くは、武弘との対話と実践から生まれたものです。

武弘が小学生のころ、自宅近くの公園で毎日ふたりっきりで草野球に興じた。その日々の感動と笑顔が、いまを生きる原点になっている。心からお礼を言います。恵まれた環境で授かった心技体を磨き続けて、明るく豊かな光を輝かせてください。

東京武蔵野シニア事務局長としてチーム草創期の四年間ほぼすべての労力を注いでくれた妻・恵子が、野球の魅力に打たれたことは意外な喜びだったし、多くの発想の転換を与えられました。野球と離れた時期、東京ヤクルトスワローズへの応援で父親の野球熱をつないでくれた長女・里紗も、この本の隠れた功労者です。歴代の東京武蔵野シニアの選手、父母、対戦相手のみなさまにも感謝します。実践の経験から多くを感じ、学ばせていただきました。どうもありがとうございます。

本書に登場する沢村栄治夫人、亡き父への思いをたびたび語ってくれた沢村栄治投手の一人娘であり我が心の姉・酒井美緒さん、長嶋茂雄氏、故・後藤達彦氏、王貞治氏、落合博満氏をはじめ、取材を通じて多くの気づきを与えてくれた高校野球の監督諸氏、この本の表現に至る支えとなったすべての方々に心からお礼を言います。

スポーツライターという仕事のおかげで、本来なかなかお会いできない方々と時間を共にできた幸運に感謝します。野球がなければ、初対面の一瞬で、喜怒哀楽の深いところまで感じ合い、心が融け合う魔法を私が使えるはずはありません。野球はそんな魔法の粉さえ私に与えてくれる、百人力の味方です。野球があって、いまがあります。

野球がこれからも多くの人たちの心の中に輝き続け、世界が温かく豊かな調和に向かうよう祈って、筆を擱《お》きます。

二〇一六年　盛夏

小林信也

主な参考文献

鈴木惣太郎『不滅の大投手・沢村栄治』恒文社、一九八二年
日本プロフェッショナル野球組織、全日本野球協会編『公認野球規則　2015　Official Baseball Rules』二〇一五年
ベンジャミン・リベット著、下條信輔訳『マインド・タイム―脳と意識の時間』岩波書店、二〇〇五年
ブルース・リプトン著、西尾香苗訳『「思考」のすごい力―心はいかにして細胞をコントロールするか』ＰＨＰ研究所、二〇〇九年
リサ・ランドール著、向山信治監訳、塩原通緒訳『ワープする宇宙―５次元時空の謎を解く』ＮＨＫ出版、二〇〇七年
宇城憲治『頭脳から身体脳へ　条件反射を超えた動き―逆反射神経』どう出版、二〇〇四年
宇城憲治『ゼロと無限―今の常識を超えた所にある未来』どう出版、二〇一四年
大森曹玄『山岡鉄舟』春秋社、二〇〇八年
森島伸晃『野球道』私家版
『Ｓｐｏｒｔｓ　Ｇｒａｐｈｉｃ　Ｎｕｍｂｅｒ』文藝春秋

小林信也（こばやし のぶや）

一九五六年、新潟県生まれ。作家・スポーツライター。『POPEYE』『Number』の契約記者を経て独立。著書に『長島茂雄 夢をかなえたホームラン』（ブロンズ新社）、『高校野球が危ない！』（草思社）、『宇城憲治師に学ぶ 心技体の鍛え方』（草思社）など多数。中学野球・東京武蔵野シニア監督。テレビ、ラジオのコメンテーターとしても活躍中。

集英社新書〇八五三H

「野球《やきゅう》」の真髄《しんずい》 なぜこのゲームに魅《み》せられるのか

二〇一六年一〇月一九日 第一刷発行

著者……小林信也《こばやしのぶや》

発行者……茨木政彦

発行所……株式会社集英社

東京都千代田区一ツ橋二-五-一〇 郵便番号一〇一-八〇五〇

電話 〇三-三二三〇-六三九一（編集部）

〇三-三二三〇-六〇八〇（読者係）

〇三-三二三〇-六三九三（販売部）書店専用

装幀……原 研哉

印刷所……凸版印刷株式会社

製本所……株式会社ブックアート

定価はカバーに表示してあります。

ISBN 978-4-08-720853-5 C0275

Printed in Japan

a pilot of wisdom

a pilot of wisdom

集英社新書　好評既刊

ラグビーをひもとく 反則でも笛を吹かない理由

李淳馹　0843-H

ゲームの歴史と仕組みを解説し、その奥深さとワンランク上の観戦術を提示する、画期的ラグビー教本。

「戦後80年」はあるのか ——「本と新聞の大学」講義録

モデレーター　一色 清／姜尚中

内田 樹／東 浩紀／木村草太／山室信一／上野千鶴子／河村小百合　0844-B

日本の知の最前線に立つ講師陣が「戦後70年」を総括し、今後一〇年の歩むべき道を提言する。人気講座第四弾。

永六輔の伝言 僕が愛した「芸と反骨」

矢崎泰久 編　0845-C

盟友が描き出す、永六輔と仲間たちの熱い交わり。七月に逝った永さんの「最後のメッセージ」。

東京オリンピック「問題」の核心は何か

小川 勝　0846-H

「オリンピック憲章」の理念とは相容れない方針を掲げ進められる東京五輪。その問題点はどこにあるのか。

ライオンはとてつもなく不味い〈ヴィジュアル版〉

山形 豪　041-V

ライオンは、不味《まず》すぎるため食われずに最期を迎える……等々、写真と文章で綴るアフリカの「生」の本質。

「建築」で日本を変える

伊東豊雄　0848-F

地方には自然と調和した新たな建築の可能性があると言う著者が、脱成長時代の新たな建築のあり方を提案。

橋を架ける者たち ——在日サッカー選手の群像〈ノンフィクション〉

木村元彦　0849-N

サッカーで様々な差別や障害を乗り越えてきた在日選手たち。その足跡を描き切った魂のノンフィクション。

アルツハイマー病は治せる、予防できる

西道隆臣　0850-I

認知症の約六割を占めるアルツハイマー病の原因物質を分解する酵素を発見！ 治療の最前線が明らかに。

「火付盗賊改」の正体 ——幕府と盗賊の三百年戦争

丹野 顯　0851-D

長谷川平蔵で有名な火付盗賊改の誕生、変遷、捕り物の様子から人情味あふれる素顔まで、その実像に迫る。